W9-BCW-260

ISBN   0-9656914-1-1

Published by *GESTOS*
Irvine, California

Printed by
McNaughton & Gunn, Inc.
Saline, Michigan

Library of Congress Catalog Card Number: 97-094184

Villegas, Juan
Del escenario a la mesa de la crítica
      1.- Spanish American drama - History and Criticism
      2.- Spanish drama -History and Criticism
      3.- Theater - Spain
      4.- Theater - Latin America

DEL ESCENARIO A LA MESA DE LA CRITICA

Juan Villegas
Editor

Ediciones de GESTOS
Colección Historia del Teatro 1

Materiales gráficos

Cuando no se indica el autor de la fotografía, ella corresponde a una reproducción de las incluidas en el volumen *XI Festival Iberoamericano de Teatro de Cádiz*. Reproducción autorizada por la Dirección del Festival.

Los fotográfos son:

Daniel Lloret: *Calderilla*
Fernando Moguel y José Zepeda: *Carta al artista adolescente*
Alejandro Monsalva, Lucana y Andrés Sierra: *Ceremonial de la danza*
Daniela Miller y Carola Vargas: *El desquite*
Luis Castillo: *Elektra*
Fausto Gerevini: *Icaro* y *1337*
José Jorge Carreón: *La amistad castigada*
Mauricio Esguerra: *La siempreviva*
Sarl Kerboriu, Frances Vera y Broch-Lino: *Veles e Vents*

Autor del cartel reproducido en la tapa de *Del escenario a la mesa de la crítica* es Pepe Herrera, ganador del concurso del FIT 96. Herrera es artista cubano, residente en Barcelona. Utilización con permiso del FIT.

Del escenario a la mesa de la crítica

GESTOS

agradece la contribución de

* Festival Iberoamericano de Teatro de Cádiz

* School of Humanities. University of California, Irvine

* Department of Spanish and Portuguese. University of California, Irvine

Indice

Palabras preliminares

Este volumen corresponde a una colección de ensayos en torno a los espectáculos presentados durante el Festival Iberoamericano de Teatro de Cádiz, celebrado entre el 17 y el 26 de octubre de 1996. La mayor parte de los ensayos fueron escritos por integrantes del Grupo de Investigación de Teatro Hispánico (IHTRG), cuya sede se encuentra en el Departamento de Español de la Universidad de California, Irvine.

A raíz de cierta insatisfacción en años anteriores con respecto a los foros en que se discutían los espectáculos presentados en el FIT, tanto los directores del Festival como los participantes, insistían en la necesidad de estructurar los "foros" de un modo que los hiciera atrayentes y productivos. En virtud de esta necesidad, representantes de IHTRG propusieron a Pepe Bablé, Director del Festival, la posibilidad de invitar a miembros del grupo de investigación de la Universidad de California, Irvine, con el fin de que se hicieran responsables de organizar los foros y servir como columna vertebral de los mismos.

El IHTRG está constituido por investigadores —profesores y estudiantes de doctorado— de varias universidades del sur de California. En la práctica, el grupo existe desde 1989 cuando, con el patrocinio del Humanities Research Institute de la Universidad de California, se reunió durante diez semanas a un grupo de investigadores de varias universidades norteamericanas. Las áreas de especialización de estos investigadores eran de teoría del teatro, teatro español clásico y moderno, teatro latinoamericano y teatro chicano. Posteriormente, sobre la base de algunos de los participantes de este seminario, se constituyó un grupo permanente, el cual, durante cuatro años, contó con el patrocinio y el apoyo económico de la Escuela de Humanidades y el Departamento de Español de la Universidad de California, Irvine, bajo el Programa de patrocinio a proyectos de investigación titulado Organized Research Units. Al término de este Programa, la mayor parte de los integrantes se organizó en el IHTRG, el cual ha recibido el apoyo económico parcial de la Escuela de Humanidades y del Departamento de Español de UC Irvine. El objetivo del grupo, por una parte, ha sido promover la integración y el diálogo entre las varias áreas de estudio de teatro hispánico, en el cual se incluye el teatro español, el teatro latinoamericano —incluyendo el brasileño— y los teatros chicano y latino de los Estados Unidos. El objetivo académico es el desarrollo de teorías teatrales y culturales que permitan una mejor interpretación de los teatros antes mencionados. El grupo se reúne periódicamente. Como parte de los proyectos de investigación se han celebrado congresos anuales desde 1990. En el Congreso de Teatro Hispánico de Irvine, el cual constituye una reunión ampliada del grupo, han participado investigadores de Norte América, América Latina y Europa.. Cada uno de estos congresos se ha centrado en un tema monográfico de validez o aplicabilidad a las diferentes áreas. *Gestos* ha publicado números monográficos con una selección de las ponencias de varios de los congresos realizados.

La función del IHTRG durante el Festival Iberoamericano de Teatro de Cádiz en 1996 fue llevar a cabo investigaciones sobre los grupos teatrales, entrevistar a los directores o actores de cada uno de los grupos participantes, invitar a representantes de los grupos a asistir a los foros y, finalmente, intervenir en las discusiones —sin monopolizarlas ni canalizarlas a sus propios intereses. El grupo de Irvine estaba más interesado en escuchar a los "teatristas" que imponer sus perspectivas. Esta autolimitación determinó que algunos aspectos que, a integrantes del grupo de investigación les parecían sugerentes o claves para entender algunos de los espectáculos, nunca fuesen discutidos en los foros.

Los materiales de investigación acumulados durante el Festival, la información proporcionada por los directores teatrales y los participantes en los foros, pudo desaparecer con el término del Festival. Para evitar este silencio, el penúltimo día del Festival se propuso a José Bablé la posibilidad de que el grupo, en vez de publicar observaciones o comentarios en diversas revistas, preparase una colección de ensayos, la que podría publicarse como un número monográfico de *Gestos* o como un libro dentro de la serie Ediciones de *Gestos*. Los ensayos reunidos en un volumen podrían dar una imagen de conjunto de los muchos aspectos sugeridos por el Festival y dejarían constancia del enorme material de investigación que constituye cada Festival. José Bablé aceptó patrocinar su publicación, en asociación con *Gestos*. Hay que hacer notar, sin embargo, que el volumen no fue programado antes ni durante el Festival. Si hubiese sido así, probablemente sería diferente. El libro es el resultado de los intereses individuales de cada uno de los investigadores y los ensayos no corresponden a un "encargo" del editor. Tampoco aspira a ser un "balance" del FIT 96. Ello explica la ausencia de ensayos sobre algunos temas o espectáculos.

Del escenario a la mesa de la crítica constituye, en cierto modo, una dilatación de los foros. Por lo tanto, es otra apertura al diálogo que engendra o debiera engendrar la riqueza teatral y cultural con que se carga el Festival Iberoamericano de Teatro de Cádiz. Los ensayos incluidos no aspiran a cerrar el diálogo. Por el contrario, son matices del caleidoscopio cultural, son intentos de miradas o atisbos en la multidimensionalidad del Festival.[1]

En estas "Palabras preliminares" es mi deber agradecer a Carmen Segura, Desirée Ortega Cerpa, Angeles Rodríguez Vásquez, Charo Sabio Pinilla y al servicio de prensa del FIT por el constante apoyo y los materiales que proporcionaron a los miembros del grupo IHTRG para participar en los foros y llevar a cabo las investigaciones correspondientes.

Quiero agradecer también a los directores y actores que, con entusiasmo, colaboraron con este proyecto, por medio de las entrevistas y su participación en los foros.

---

[1] Esta colección de ensayos complementa un volumen anterior sobre el Festival de Cádiz, *FIT de Cádiz. Crónica de un hecho insólito* (Cádiz: Patronato del Festival Iberoamericano, 1995) en el que se narra la historia de diez años del festival, se incluyen testimonios e información sobre los grupos participantes en esos años. *FIT de Cádiz* fue preparado por el Equipo Ambigú-95, dirigido por Rafael Portillo y escrito por Mª Jesús Bajo Martínez y Desirée Ortega Cerpa. Otros integrantes del equipo fueron Angeles Rodríguez Vásquez, Charo Sabio Pinilla, Manuel Fernández Fedriani y Mª del Carmen Rodríguez Otero,

UN POCO DE HISTORIA

Foto de Claudia Villegas-Silva

FESTIVAL IBEROAMERICANO DE TEATRO DE CÁDIZ • 1996

	Jueves, 17	Viernes, 18	Sábado, 19	Domingo, 20	Lunes, 21	Martes, 22	Miércoles, 23	Jueves, 24	Viernes, 25	Sábado, 26
GRAN TEATRO FALLA (22.30 h.)	JACARA TEATRO "Calderilla" ESPAÑA			DANZA CONCIERTO "La bella Remedios" COLOMBIA		AXIOMA TEATRO "Simplemente, no" ESPAÑA	ATALAYA "Elektra" ESPAÑA		SEMOLA TEATRE "Hibrid" ESPAÑA	TEATRO DE LA DANZA DEL CARIBE "Programa concierto Ceremonial de la danza" CUBA (23.00 h)
CENTRAL LECHERA (21.00 h.)	TEATRO SUNIL "1337" MEXICO-SUIZA		TEATRO DE ARENA "James Joyce. Carta al artista adolescente" MEXICO			TEATRO SUNIL "Icaro" MEXICO-SUIZA		COMPAÑIA NACIONAL DE TEATRO "La amistad castigada" MEXICO		
BALUARTE DE LA CANDELARIA (20.30 h.)		TEATRO SOMBRERO VERDE "El desquite" CHILE			BARCO EBRIO "Crápula Mácula" COLOMBIA		TEATRO CAMINO "Héctor Noguera nos cuenta: La vida es sueño" CHILE		LA FANFARRIA "Los sueños de Dios" COLOMBIA (Sábado 26 a las 18.00 h)	
PABELLON DEPORTIVO SAN FELIPE NERI (20.30 h.)					TEATRO DE LOS ANDES "Ubu en Bolivia" BOLIVIA					
CASA DE LA JUVENTUD (19.00 h.)			CORPORACION ESTUDIO TEATRO "Hamlet 1" COLOMBIA				CORPORACION ESTUDIO TEATRO "Hamlet 1" COLOMBIA			
PARQUE GENOVÉS (12.00 h.)				VOLANTINS "El senyor Tornavis" ESPAÑA						
COLEGIO VALCARCEL PISTAS DEPORTIVAS (20.00 h.)										XARXA TEATRE "Veles e vent" ESPAÑA

Crónica: Del "teatro de la caricia" a la agresividad visual y sonora

Juan Villegas
University of California, Irvine

Como los ritos de otoño en España, volvió el Festival de Teatro Iberoamericano a realizarse en Cádiz.[1] Desde el jueves 17 hasta el domingo 27 de octubre, los aviones a Sevilla o Jerez de la Frontera o el tren a Cádiz fueron ocupados por teatristas de siete países dispuestos a mostrar su arte a sus pares, al público de la ciudad y a los numerosos visitantes. Conjuntamente *con* los teatristas se dieron cita en la ciudad gaditana investigadores de varios países para participar en el Congreso de especialistas en teatro de la Edad de Oro, organizado por la Universidad de Cádiz como actividad paralela al Festival. Esta vez, además, como invitados especiales, llegaron once investigadores del Grupo de Investigación de Teatro Hispánico de Irvine para llevar a cabo una investigación centrada en el Festival y como co-organizadores de los Foros patrocinados por *Gestos* y el Festival, éste representado por Desirée Ortega.

Al igual que en años anteriores , los participantes e invitados volvieron a caminar por la amplia playa o la costanera, aunque este año los curiosos que la recorrieron cerca de la Residencia Tiempo Libre se pudieron asombrar de las numerosas y complejas construcciones de arena con motivos religiosos o de la historia de España. Confieso, sin embargo, que no pregunté si los que dormían junto a ellas al amanecer eran los artistas que cuidaban sus creaciones o si, en realidad, eran individuos sin casa que ocupaban su tiempo construyendo monumentos de arena. Muchos participantes recorrieron las calles estrechas del "casco viejo" de la ciudad, se sentaron en las sillas de los cafés, especialmente, aquellos con sillas en las veredas y disfrutaron del chocolate con churros, pescados y mariscos fritos, la Plaza de las Flores o se perdieron en las callejuelas. Mientras otros ensayaban sus

---

[1] Una versión abreviada de esta crónica fue incluida en *Gestos* 23 (Abril 1997): 169-176.

espectáculos o sufrían esperando su turno para practicar en los teatros donde se iba a llevar a cabo su puesta en escena. Cádiz, en octubre, como siempre estuvo caluroso, aunque en las noches la brisa y la cercanía del mar refrescan el ambiente. Como siempre también, en las noches de semana se camina tranquilo por el casco viejo después de las funciones, y, como en años anteriores, los viernes y sábados las mismas calles, especialmente aquellas cerca de la Plaza España, se repletan de jóvenes que beben más de la cuenta y dilatan la noche hasta el amanecer. Como siempre también, la paz y el silencio de la ciudad son destruidas por motonetas y bicimotos de escape abierto que hacen un ruido infernal, sin proporción a lo diminuto de sus motores, pero sí en relación con el ego y la vanidad de conductores. Estos se autoconstruyen en su imaginación como "ángeles negros" que se apropian de las calles estrechas, de las veredas aún más angostas y se constituyen en moscardones sonoros del presente en un espacio en que los adoquines, las puertas que evocan patios andaluces, los nombres de las calles, las fachadas o los balcones enrejados por los que se cuelan sensaciones e imaginaciones hablan de un pasado lejano y silencioso.

En el gran espectáculo que es Cádiz para el visitante durante el Festival, a veces es difícil saber qué es realidad y qué es ficción, dónde comienza o termina el escenario. Dentro de las salas parece limitarse al escenario, pero con frecuencia los grupos comienzan el espectáculo en el medio de la sala, irrumpiendo en el espacio de la realidad del espectador. Aún más, a veces el escenario es el "casco viejo," como sucede en el teatro de calle, y los espectadores son los transeúntes. Hay ocasiones en que aún esta distinción desaparece, como una fantasmagórica experiencia que me tocó vivir. Frente a la entrada del Gran Teatro Falla, hay una pequeña pizzería que se derrama hacia la plaza con mesas y sillas blancas, de plástico. Allí, una noche, mientras nos repartíamos trozos de pizza y bebíamos café o cerveza en espera de que abriesen las puertas, se acercó un mendigo que cantaba con mala voz y desentonadamente a cambio de unas monedas. En medio del entusiasmo del comienzo del Festival, y casi con remordimientos por disfrutar de Cádiz mientras otros pedían limosnas, saqué una moneda y se la di. Este la recibió y siguió hacia otras mesas. La sorpresa fue luego, al verlo entrar a la platea del elegante teatro Falla y aún más verlo repetir sus canciones en los pasillos. El mendigo no era mendigo, sino que era uno de los actores de *Calderilla*, la obra que esa noche se estrenaba. ¡Y nunca me devolvió la moneda!

El FIT 96, después de una década de existencia, ha modificado ligeramente sus objetivos en interrelación con los intereses de los sectores dirigentes españoles. En esta nueva etapa, el énfasis es constituir a Cádiz en una plataforma de entrada hacia Europa del potencial artístico latinoamericano" (*Programa* 2, 5), idea que fue reforzada por la alcaldesa de Cádiz en el discurso de bienvenida en la recepción oficial a los participantes.

En comparación con el FIT 95, este año el FIT disminuyó el número de países participantes. A juicio de José Bablé —Director del Festival— este año habían "optado por la calidad más que por la cantidad." Este año se contó con la presencia de grupos de siete países. Hubo grandes ausentes. Tal fue el caso de Argentina, Cuba y Uruguay, especialmente estos dos últimos de enorme presencia en el FIT 95. Cuba estuvo limitada a un grupo de danza moderna, reservado para el último día. Tampoco llegó ningún grupo de Brasil, con lo cual los asistentes perdieron la oportunidad de ver sus siempre espectaculares puestas en escena. Colombia, gracias a un protocolo firmado por José Bablé con los directores del Festival de Manizales, se constituyó en el país central tanto por la participación de cinco grupos y una serie de cinco conferencias sobre teatro colombiano.[2]

Los grupos participantes de Colombia fueron: Teatro El Local (*La siempreviva*), Danza Concierto (*La bella Remedios*), Barco Ebrio (*Crápula Mácula*), Corporación Estudio Teatro (*Hamlet 1*), La Fanfarria (*Los sueños de Dios*). De España, se hicieron presentes Jácara Teatro de Alicante (*Calderilla*), Axioma Teatre (*Simplemente, no!*), Atalaya (*Elektra*), Sémola Teatre (*Híbrid*), Volantins (*El senyor Tomavis*) y Xarxa Teatre (*Veles e vent*). Como es tradicional en Cádiz, varios correspondieron a grupos andaluces, que, por lo demás, son los que provocan el mayor interés en el público gaditano. Con frecuencia, las

---

[2] Como los años anteriores los participantes e invitados recibieron numerosos materiales provistos por la Dirección del FIT. Dentro de éstos se destaca el hermosísimo volumen *XI Festival Iberoamericano de Teatro de Cádiz*, con información sobre los grupos, fotos de los mismos, actividades e historia. Además, un folleto con el programa y con información reducida sobre cada grupo y presentación. En esta crónica me referiré al primero como *XI Festival* y al segundo como *Programa*.

presentaciones de los grupos andaluces traen llenos completos al gran Teatro Falla. De Chile, estuvo el grupo Teatro Sombrero Verde con la puesta de *El desquite* y Teatro Camino con *Héctor Noguera nos cuenta: "La vida es sueño".* De Bolivia llegó Teatro de los Andes con un espectacular *Ubú en Bolivia.* México, por su parte, envió dos grupos, los que no representaron textos de autores mexicanos: Teatro de Arena (*Carta al artista adolescente*) y la Compañía Nacional de Teatro (*La amistad castigada*). Como complemento de las presentaciones, se realizaron seis foros, intitulados "La práctica teatral y la crítica: Del escenario a la mesa de la crítica," algunas exposiciones y una serie de presentaciones de libros, de las cuales sobresalió la de la *Antología subjetiva* de Jorge Díaz. De importancia para los estudiosos de teatro español fue la información sobre el Centro Andaluz de Teatro (CAT) en el INTERNET. A partir de la iniciativa de José Monleón, se llevó a cabo la organización del ECRIT, Espacio Crítico de Reflexión e Investigación Teatral, cuyos principios —expuestos por el Presidente de ECRIT-España— dieron origen a una entusiasta discusión. Para los aficionados a lo popular o comer alimentos regionales o "étnicos" la Feria Latinoamericana de Artesanía, Gastronomía y Folklore fue una de las tentaciones en el camino de ida o regreso de los teatros del casco viejo. Las comidas o las artesanías, sin embargo, no se limitaban a América Latina, por cuanto había expositores de China, Egipto, India, Rusia, Italia, Siria y Corea. El paseante bien podía disfrutar un café ruso mientras admiraba los enormes panes gallegos, saboreaba pinchos peruanos o escuchaba el grupo folklórico del momento.

De los espectáculos

Aunque los organizadores del Festival proclaman la diversidad teatral como uno de los rasgos más destacados, es posible advertir ciertas tendencias, las que a la vez son indicios de tendencias renovadoras o experimentales dentro del teatro de España o América Latina.

Fue evidente, por ejemplo, el número de espectáculos en los cuales el énfasis se dio en la comunicación visual y sonora con la consiguiente desaparición del texto. Un ejemplo extremo negativo lo constituyó *Simplemente, no!* de J. Luis Urbano, F. J. Sánchez y Carlos Góngora representado por el Axioma Teatre, cuyo mensaje fue de indudable importancia, pero cuya realización escénica, especialmente en lo referente a la actuación fue lamentable. Una amarga concepción del ser humano y de la historia de la humanidad funda el espectáculo.

Según la obra, la historia de la humanidad es un continuo suceder de guerras y violencias: la violencia impera en la humanidad desde sus comienzos y en los hombres desde la cuna. El mensaje se probó en el teatro mismo con la violencia ejercida sobre los espectadores que se aguantaron la agresión de mal gusto, ruidos guturales y estridencias visuales. El nadir de la violencia fue alcanzado en la escena del muñeco con forma de mujer, a la que se golpea, tironea, casi descuartiza para luego violar repetidamente detrás de una roca en el escenario. Resultó interesante, sin embargo, su uso de materiales reflectantes, la utilería, el manejo de las luces, la desaparición de la palabra —la que aparece sólo en un breve texto final. En declaración a Ana R. Tenorio del *Diario de Cádiz*, Carlos Góngora afirmó: "se trata de un trabajo muy colectivo, en el que hemos invertido mucho en la parte plástica, construyendo una maquinaria en la que los actores son engranajes..." (22 octubre 1996).

Dentro de los mismos procedimientos, resultó espectacular la presentación de Xarxa Teatre, cuya *Veles e vent,* sobre la base de un poema de Ausiàs March y dramaturgia de Vicent Martí Xar, cuenta la historia de un viaje mítico desde los principios de la humanidad. Este viaje se inicia con los elementos naturales, madera, viento, velas, para luego pasar a manos de la ciencia que convierte el barco en una especie de usina o barco con cañerías, tubos, cañones, etc. Concluye con la recuperación y salvación de lo natural. Esta utopía ecológica, concluye con la esperanza del retorno a la naturaleza no contaminada por la ciencia. Mensaje comunicado prácticamente sin palabras, sólo con mucho ritmo de música e imágenes, en los cuales los procedimientos y efectos pirotécnicos constituyeron un ingrediente fundamental.

Semejante es la orientación del grupo catalán Sémola Teatre, cuyo *Híbrid* resultó uno de los espectáculos más innovadores del FIT 96. El escenario, constituido por varios cuadros, formó una especie de retablos de escenas, sin palabras, pero con gran sonoridad, tanto musical como de ruidos, para comunicar la imagen de una condición humana deshumanizada, incomunicada, grotesca, violenta, desesperada. A juicio de la síntesis del *Programa* "el naufragio humanístico de la sociedad industrial"(23). La estructura es la de una serie de sketches, sin relación de continuidad, yuxtapuestos temáticamente y vinculados por fundidos de oscuridad o explosiones de agua que cubren el espacio cons-

tantemente. Son numerosas las escenas inolvidables, aunque no necesariamente gratas. Lo dominante es una ironía grotesca, a veces
macabra.

Dentro de la misma línea de énfasis en la espectacularidad, pero con
mayor presencia del discurso verbal y utilización de numerosas con-
cepciones ideológicas y estéticas asociables con las tendencias llamadas
postmodernas, fueron los espectáculos de *Calderilla* de Jácara Teatro,
El desquite de Teatro Sombrero Verde, y *Ubú en Bolivia* de Teatro de
los Andes. Tal vez, dentro de la misma tendencia habría que incluir
Elektra del grupo Atalaya. En ellas se utiliza una concepción de la
historia transtemporal, una imagen de lo nacional utilizando pluralidad
de objetos tanto de las culturas populares como de élite; técnicamente,
se recurre a materiales de las comedias musicales, sistemas de movimientos tanto de la danza clásica como de los bailes populares, y elementos
del circo o las artes marciales orientales.

Calderilla, comedia musical —u "ópera rock" o "musical urbano",
según comentarios periodísticos— con texto de Juanluis Mira y
dirección de Guillermo Heras, tuvo "su estreno absoluto" en el primer
día del Festival y fue un buen indicio de la tendencia que aquí reseño. El
tema se centra en la existencia de marginales sociales y, al parecer,
aludía a un "edicto" o posible "edicto" en el cual se prohibiría la
presencia de esos personajes en las ciudades españolas. Sobre la base de
este motivo, el director construyó una comedia musical asociable a la
Opera de tres centavos de Brecht —según indicación de los propios
miembros del grupo— ya que habrían reconstruido algunos de sus
personajes en el espacio español. Por otra parte, hay sensaciones de
similitud con la comedia musical *Los miserables* y presencia evidente de
contorsiones lingüísticas y corporales de los esperpentos de Valle-Inclán.

Mi lectura inmediata al término del espectáculo fue el de haber
disfrutado del ritmo, las canciones, la gracia de los personajes, en suma,
un buen espectáculo. Sin embargo, pese al entusiasmo del público que
llenaba el Gran Teatro Falla, me encontré insatisfecho con mi reacción
positiva ya que el imaginario social construido en el texto, las situaciones, los personajes, constituían la mirada que estiliza y estereotipa
la pobreza, desde fuera de la pobreza, no cuestiona la violencia sobre la
mujer, aún más, la naturaliza. La discusión del foro sobre la obra, sin
embargo, atenuó mi impresión negativa y se me hizo posible valorar la
imaginación, la gracia del lenguaje, la intención social de la misma.

Aunque Mira en una de sus declaraciones afirmó: "Es una historia entre bandas callejeras, pero está muy teatralizada, hay una recreación, no he intentado plasmar la realidad, sino jugar con ella" (*Diario de Cádiz*).

El desquite, por el grupo chileno Teatro Sombrero Verde y dirigida por Andrés Pérez, constituyó una buena muestra del teatro chileno actual. Es una pieza de mucho éxito en el país y, además, intenta aprehender lo nacional con técnicas contemporáneas de puesta en escena de gran vigencia y eficacia teatral. Aunque uno puede estar en desacuerdo con la representación de "lo nacional," los problemas del campo o la estereotipación de las naciones fundadas en "lo folklórico," se disguste por el modo de representación de la mujer chilena, el hecho es que como espectáculo es dinámico, visualmente provocador, original en muchas de sus imágenes y, sobre todo, maneja con buen ritmo la integración de elementos de varias prácticas escénicas. Un escenario recargado de "chilenidad "folklórica, música nacional, la buena voz de la cantante, llevan a olvidar un poco la falsificación histórica, el nacionalismo para "extranjeros, "el melodramatismo, el reforzar la estereotipación de los sectores agrarios, la gestualidad gratuita, los gestos o movimientos circenses cuya significación se agotan en sí mismos. La dirección de Andrés Pérez, el que no llegó al FIT 96, su éxito internacional con *La Negra Ester*, y el utilizar una vez más textos narrativos de Roberto Parra parecen justificar muchos de los elementos del texto y la puesta en escena. Andrés Pérez ha configurado una modalidad teatral de éxito, en la cual se fusiona el melodramatismo, la estereotipación, la música folklórica, el baile, la acrobacia, la gestualidad y teatralidad circenses, en la cual la preocupación por la verosimilitud o el compromiso social corresponden al teatro de otro tiempo. El efecto visual y el disfrute sensorial constituyen la esencia de este teatro de la postmodernidad. La falta de una estructura dramática del texto explica la sensación de ser un programa demasiado largo. Como indicó Francisca Silva, una de las visitantes de California, nunca resuelven el problema de qué era lo que había dentro de la "cajita" y que había servido como motivo estructurante de un posible desenlace.

Uno de los mejores espectáculos del Festival lo constituyó la presentación de *Ubú en Bolivia* en versión del Teatro de Los Andes, con la dirección de César Brie. Esta puesta en escena es un modelo de integración de códigos culturales y escénicos de la postmodernidad para comunicar un mensaje moderno, no postmoderno. Se utiliza el texto y motivo de *Ubú Rey* para cuestionar, satirizar, ridiculizar el poder, especialmente el poder político, se propone la revuelta social de los oprimidos y concluye con el triunfo de éstos. Teatralmente, integra códigos del cine, la televisión, la danza popular, la danza clásica, la gestualidad de las artes marciales, circense, andina, la gimnasia olímpica. Los actores y la actriz constituyen una maravilla de habilidad en la utilización del cuerpo y las técnicas corporales de una variedad de artes. El público español no reaccionó con gran entusiasmo frente a este espectáculo de manierismo barroco en su acumulación de materiales de culturas, etnias y teorías contemporáneas del teatro.

Lo común de *Ubú en Bolivia*, *El desquite*, y *Calderilla* es la enorme ambición teatral de integración funcional de las culturas y las técnicas teatrales. Desde mi perspectiva, la diferencia es que mientras *Calderilla* no se deshace de la estereotipación y *El desquite* la refuerza, *Ubú en Bolivia* la utiliza para cuestionar el poder y proponer una salida en la cultura originaria de una zona de América Latina. Constituye un teatro con la utopía moderna de la democracia, con procedimientos teatrales de la postmodernidad.

Dentro de la misma tendencia podría incluirse *Elektra*, aunque sus numerosos rasgos diferenciadores, la hacen distinta. Presentada por el grupo Atalaya, de muchos éxitos anteriores en Cádiz, en adaptación y dirección de Carlos Iniesta. La puesta, utilizando el viejo mito y adaptando materiales de los textos clásicos, implica una cuidadosa reflexión sobre el tema y una forzada situación que le da un carácter de espectáculo que sirve de pretexto al director para experimentar una idea. En este caso, expresó el director, puso como condición la utilización constante de "tinas de baño" y por lo tanto la escenografía y la coreografía debían tener como constante la pluralizada utilización de tinas de baño. Es preciso confesar que, como espectáculo, la acumulación y constante reutilización escénica de las tinas resultó fascinante y, en muchas ocasiones, adquirió un carácter polisimbólico con infinidad de sugerencias. Fue definida por Pepe Iglesias (*Andalucía Económica*) como "una puesta en escena intercultural, donde se muestra, por ejemplo, el mestizaje y la influencia de la cultura aborigen australiana. "La discusión en el foro sobre esta puesta enfatizó los problemas de la misma, especialmente la falta de claridad vocálica o la dificultad para entender las palabras del coro. El director culpó en buena parte, primero, este problema a la acústica del Teatro Falla. Luego, frente al comentario

EL MEMORICIDIO

Difamación de **Jorge Díaz** y presentación
(posible incineración) de su **ANTOLOGÍA SUBJETIVA**

Intervendrán **tres actores** *(especie protegida)*

AMPARO LÓPEZ BAEZA
PEDRO MEYER
PEDRO MUÑOZ

y **un dramaturgo**
(especie en extinción)

JORGE DÍAZ

Foto Claudia Villegas-Silva

de algunos participantes no muy favorables con respecto a la preparación de su grupo para esta clase de espectáculos, reconoció las debilidades de sus actores en cuanto al entrenamiento de la voz. Este comentario originó gran indignación en Isabel Ortega —directora teatral-brasileña— a quien le pareció inconcebible que un director hablase así de sus propios actores.

El regreso de la palabra

El teatro de texto, sin embargo, no desapareció, como lo demuestran *La amistad castigada*, la versión de *La vida es sueño, La siempreviva, James Joyce. Carta al artista adolescente, 1337, Icaro, La siempreviva, Crápula Mácula,* y *Hamlet 1.*

Para la mayoría de los participantes en los foros, las puestas del grupo Sunil constituyeron uno de los puntos sobresalientes del FIT 96. *Icaro* y *1337* constituyeron, para algunos, la mejor realización del teatro en su relación afectiva y efectiva con los espectadores. La trascendencia de sus mensajes, la eficacia de su "poética de la ternura" y la habilidad de los actores lograron conmover profundamente al público. El director del grupo —Daniele Finzi-Pasca— posee una teoría de la representación teatral que denomina "teatro de la caricia" y que describe con la expresión "clown," en cuanto es capaz de comunicar con la naturalidad, ingenuidad, los silencios. La estética de los clowns se plasma en materiales como el maquillaje, el vestuario, las situaciones, los gestos exagerados, el humor. *1337* se centra en una historia de amor-desamor en la que dos personajes se reencuentran con motivo de un eclipse total de sol. *Icaro,* por su parte, es un monólogo en el cual se intenta testimoniar la lucha contra el destino.

No fue semejante la reacción de los que "aguantaron" toda la larga producción de *Hamlet 1* —del grupo Corporación Estudio Teatro— cuya segunda parte perdía público, sin sorpresa para los actores. Desgraciadamente, no asistió al foro respectivo el director Pawel Nowick —por no haber viajado a Cádiz— quien podría haber explicado los fundamentos teóricos del ritmo y la extensión de la puesta en escena. También él pudo haber tenido una respuesta para el comentario apocalíptico de Nel Diago para quien esta despreocupación por el tedio del espectador ha de conducir necesariamente a la desaparición del teatro. La respuesta del grupo, sin embargo, planteó un tema, cuyas consecuencias no se analizaron, precisamente, por la falta de un teórico justificador de este tipo de texto. Los jóvenes actores Robinson Díaz y Ana María Sánchez lo hicieron muy bien explicando su perspectiva, especialmente su experiencia con el grupo. El grupo se autocaracterizó como "teatro a domicilio," lo que condujo a preguntas sobre los potenciales espectadores y financiadores de esta clase de espectáculos.

Recibió muchos elogios de los críticos presentes en el Festival la puesta en escena de Teatro de Arena, *James Joyce. Carta al artista adolescente.* Esta versión escénica de la novela de Joyce, con la dirección de Martín Acosta, maravilló por el excelente manejo del lenguaje y la extraordinaria actuación, especialmente de Ari Sebastián Brickman que hizo del "joven artista. "Con un mínimo de gestualidad, gran finura en el uso del reducido espacio que se impusieron y del mínimo de elementos escenográficos, el grupo llevó a cabo una puesta en escena muy efectiva.

Discutible fue la versión de *Rashomon* con el título de *Crápula Mácula* del grupo colombiano Barco Ebrio. Su punto de partida fue el cuento "En el bosquecillo" de Riunosuke Akutagawa. Su sentido, la dificultad de encontrar la verdad y la pluralidad de verdades sobre un mismo hecho, bien podría aplicarse a las condiciones actuales de Colombia. Pese a esta posibilidad, la representación me pareció un ejercicio de un pie forzado, culturalmente grotesco, teatralmente lento y, en el mejor de los casos, banal. Para algunos espectadores, sin embargo, fue un espectáculo bien realizado y mejor actuado. Su reutilización de procedimientos del teatro Nô y de motivos recurrentes en el cine japonés —el retorno de los muertos, por ejemplo— para muchos resultó sumamente atrayente.

Probablemente *La siempreviva*, escrita y dirigida por Miguel Torres, del Teatro El Local, fue la obra menos experimental del Festival. La discusión durante el foro respectivo y los comentarios de prensa en Colombia, parecen sugerir que fue una de las obras que más perdió de su sabor original al representarse fuera de contexto y, especialmente, en un espacio escénico como el Teatro Falla. El gran éxito en Colombia fue contrastado por los aplausos tímidos y la insatisfacción general en los comentarios. El traslado de la puesta en escena desde un caserón, en el cual los espectadores forman parte del escenario mismo, y su puesta en escena con escenografía construida, a gran distancia del público, con una acústica insatisfactoria que hacía difícil escuchar algunos de los parlamentos, explicaría la falta de elogios. A juicio de otros, en cambio, nada explicaba la mediocridad del texto, cuya estructura es incierta y cuyo contenido vacila entre la denuncia de lo acontecido en el Palacio de Justicia y la recreación semi-realista de los problemas personales y sociales en un ambiente cotidiano hoy en Colombia. El director, Miguel Torres, explicó el origen del proyecto, lo que reforzó la lectura que la mayor parte de los espectadores hicieron y que se motivó en la presentación del grupo en el *Programa* del FIT y en los comentarios periodísticos.

Dentro de los espectáculos de predominio del discurso verbal hay que mencionar dos obras del Siglo de Oro. Teatro Camino (Chile) presentó una especie de unipersonal *Héctor Noguera nos cuenta: "La vida es sueño."* El espectáculo fue considerado como uno de los recordables del Festival por varios participantes del último foro. Más que una puesta en escena es una lectura de fragmentos seleccionados, con pocos elementos escenográficos, y cuya función original parece ser —según la descripción de Noguera— motivar el regreso a los clásicos de estudiantes de las escuelas secundarias en Chile. En la noche en que yo asistí, había varios especialistas de la Edad de Oro —participantes en el Congreso paralelo al festival— quienes parecieron disfrutar igualmente de esta lectura. Sólo en breves momentos el actor interpretó corporal o gestualmente el texto, aunque su rostro matizó expresivamente su lectura. Se trata de una lectura sin grandes pretensiones escenográficas, pero muy fina.

La versión de *La amistad castigada*, de Juan Ruiz de Alarcón con agregados y modificaciones de Héctor Mendoza, dirigida por el mismo Mendoza, resultó sumamente interesante. Cualquiera de las lecturas que el texto sugiere evidencia una potencial validez contemporánea, ya sea en el país del grupo o en otro país: las limitaciones del poder político, el aparente servicio a la colectividad pero realmente servicio a sí mismo o el juego de falsedades que implica la participación en el poder. La puesta en escena, por decir lo menos, fue sorprendente. Un espacio casi vacío, sólo una mesa en el centro y doce sillas. Todos los personajes vestidos de monjes mercedarios —incluyendo las mujeres del grupo. Cada escena parece un cuadro de Zurbarán, en el cual las capuchas cubren los rostros. En este espacio cerrado se crean problemas con las entradas y salidas de los personajes, las que a veces parecían forzadas. Pero es tal el poder de la palabra en el texto que las dificultades o las incongruencias se silencian o no alteran la recepción de un mensaje trasmitido con fuerza y convicción. Al parecer no había una justificación lógica a la utilización de los trajes de monjes mercedarios, excepto en la imaginación del director, como explicó en el foro en que se discutió esta puesta. Aunque el uso de las pistolas que los monjes se sacan de los hábitos, para un crítico con mirada postmodernista, no fue sino una práctica más de la utilización de elementos anacrónicos. Para los buscadores de sentido, bien podrían implicar la violencia del poder en la vida mexicana contemporánea.

Este año los espectáculos de danza fueron reducidos en comparación con los años anteriores, especialmente el Festival del 95. Aunque la danza está en la mayor parte de los espectáculos, sólo dos de ellos fueron definidos claramente como tales: el grupo Danza Concierto de Colombia con su *La bella Remedios*, sobre la base de referencias de *Cien años de soledad*, y el Teatro de la Danza del Caribe, Cuba, con su *Ceremonial de la danza*.

La bella Remedios constituyó un bellísimo espectáculo de color y movimiento, especialmente aéreo. La organización se funda en siete escenas sobre la base de la aparición de Remedios, la pasión que despierta en los hombres y, finalmente, su ascenso a las alturas. Gran parte del espectáculo corresponde a una "danza angelical, cuyo ritmo se sustenta en la inocencia y el atavismo adámico" (*Programa*). Como es natural, dentro de la poética de la verticalidad de Bachelard, esta danza "angelical" se lleva a cabo en al aire, a ratos a modo de libélula envuelta en la tela de colores claros. En declaraciones a la prensa, Peter Palacio afirmó haber investigado mucho tiempo sobre los "pilares de la cultura colombiana": los indígenas, el fenómeno de la negritud o el encuentro de la cultura europea con la indígena. El espectáculo está muy bien logrado, en una puesta de enormes dificultades técnicas por cuanto, como he señalado, buena parte de ella se lleva a cabo en trapecios o colgando de telas. Este hecho determina la necesidad de un sistema de apoyo técnico y una maquinaria teatral confiable. Ruidos extraños y una demora en aparecer los actores-bailarines al terminar el espectáculo se debió, según se dijo en los pasillos, a la falla de una de las tramoyas que dejó caer a la actriz más abajo de lo planeado.

Escena de *La amistad castigada*

Escena de Teatro de la Danza del Caribe

Escena de *La siempreviva*

Escena de *Ubú en Bolivia*

Gran entusiasmo creó el grupo cubano con su *Ceremonial de la danza*, dirigido por Eduardo Rivero y formado por doce bailarines, el cual fue recibido con aplausos y gritos de "¡Viva Cuba!" aún antes de empezar la función. El grupo hace uso de "las técnicas de la danza moderna y contemporánea sintetizadas con expresiones acervadas en la cultura afrocaribeña" (*Programa*).

Junto a los espectáculos en sala, hubo presentaciones callejeras. El grupo valenciano "Volantins" fue el encargado de recorrer secciones del "casco viejo" e hizo pasar ratos inolvidables a los transeúntes.

De las actividades complementarias

Dentro de las actividades complementarias del Festival se destacaron la serie de conferencias sobre Colombia, el Congreso sobre Teatro de la Edad de Oro, el estreno de la obra de Jorge Díaz —*Memoricidio*[3]— los foros —organizados por *Gestos*, el IHTRG y el FIT.

Se anunció el lanzamiento de *Antología subjetiva* de Jorge Díaz con el título de *Memoricidio*. La mayor parte de los participantes, se imaginó un lanzamiento tradicional. No fue, sin embargo, nada de lo esperado. Nada de canapés ni vino tinto, palabras del autor, homenaje de un crítico, lectura de fragmentos del texto publicado. Por el contrario, constituyó una lectura y actuación integral del texto, con Jorge Díaz haciendo de Jorge Díaz, hecho que intensificó la violencia verbal, la agresividad con respecto al mundo y la descarnada, grotesca versión que, a veces, dio el autor de sí mismo. La obra es una visión despiadada de su propia historia. La representación se llevó a cabo con la colaboración de actores y actrices que representaron escenas de obras anteriores del autor o hicieron de personajes de la obra que se estaba dando a conocer. La representación fue una oportunidad para juntar un grupo que había recorrido España hacía muchos años y que se reunió para esta ocasión. Jorge Díaz mostró una vez más su extraordinaria veta de actor, de manejador del espacio, el gesto y la voz.

---

[3] El texto fue publicado en *Gestos* 23 (Abril 1997): 131-148.

Las conferencias sobre Colombia resultaron poco atractivas para el público del Festival. Además de los factores tradicionales de conferencias dentro de los festivales, se llevaron a cabo a una hora de mucho calor, en una sala con ruidos y, en algunos casos se realizaban a la misma hora que las reuniones del Congreso de Teatro de la Edad de Oro en un hotel cercano. Como si todo esto fuera poco, en su mayor parte, no resultaron interesantes. Esta falta de interés, provino a veces del modo de enfrentarse al tema o del modo de presentación del mismo por los conferenciantes.

Los foros, bajo el título "La práctica teatral y la crítica: del escenario a la mesa de la crítica," constituyeron una oportunidad para que los participantes escuchasen las perspectivas de los representantes de los grupos discutidos, respondieran preguntas y se produjese un diálogo de críticos, público y creadores sobre obras específicas. En cada foro se discutieron dos de las obras presentadas en noches anteriores y el formato finalmente establecido facilitó el diálogo, pero disminuyó la crítica o la discusión de las puestas en escena en profundidad o dentro de las tendencias teatrales contemporáneas. Después de un primer día en una sala enorme, intelectualmente bien realizado, pero con poca participación de público, los foros se constituyeron en el espacio necesario de la discusión y el intercambio de ideas. Promovieron el diálogo, hicieron evidente los intereses de los teatristas y crearon personajes y situaciones que dieron tradición y animación a lo que pudo ser análisis teórico, histórico o teatral de las puestas en escena. Omar Grasso se constituyó en el personaje afectuoso, apuntador de aspectos positivos de la mayor parte de los grupos, aún en los casos en que su crítica parecía ser negativa. Usó su espacio escénico con eficacia al no sentarse y hablar desde la altura. Su uso recurrente del vocablo "compañerito" le dio una aureola de patriarca afectuoso. Nel Diago, sentado y siempre cerca de la mesa principal, mirando poco al público, por otra parte, se caracterizó por eruditas y bien informadas introducciones históricas y preguntas o comentarios que algunas veces resultaron ofensivos. A veces provocaron silencios o asombros; otras indignación, como fue el caso del director de *Elektra*, quien tuvo que contestarle en ausencia ya que Diago se había ido de la sala. Isabel Ortega, directora teatral brasileña, quien comenzó lejos de la mesa central y muy crítica de los foros, para luego acercarse progresivamente a la mesa de los invitados del día, compartir con entusiasmo el diálogo y terminar proponiendo resoluciones.

Los miembros del grupo de Irvine, por otra parte, situados en distintos espacios de la sala se esforzaban por dar continuidad al diálogo y motivar la participación de los asistentes sin apropiarse de los foros. Pepe Bablé, con la cabeza ligeramente inclinada, se transformó en receptor casi siempre silencioso de las insatisfacciones de algunos de los directores por la verdadera o supuesta deficiencia acústica del Falla.

Como en años anteriores, la Residencia Tiempo Libre —donde se aloja la mayoría de invitados y participantes— se animó cada noche después de las funciones. Los participantes hicieron nuevas amistades, planearon dónde salir a bailar, disfrutaron de la cerveza, el café o el fino. Varias noches, el Festival invitó a grupos asociados con el Carnaval de Cádiz. Los participantes disfrutaron enormemente de esos espectáculos. Uno de ellos, Chirigotas, sorprendió por la ironía, la sátira, la agresividad lingüística, su misoginia, su humor a ratos grosero. Todo era parte del gran espectáculo que rebasaba los escenarios del Festival.

El próximo otoño algunos de los participantes del FIT 96 volverán a Cádiz, otros desearán estar allí. Otros se quejarán de los participantes irresponsables que cantan o tocan bombos o tambores hasta el amanecer haciendo imposible el dormir a aquéllos que regresan a sus "recámaras" a una hora moderada, esto es, a eso de las dos o las tres de la mañana. Otros recordarán a los amigos y amigas y hasta les parecerá pintoresco el episodio del bombo que retumbaba en sus oídos cuando anhelosos o anhelosas de cerrar los ojos se cubrían los oídos con almohadones mientras los cultos recitaban variantes de los versos de Fray Luis de León, "Qué descansada vida la del que huye" del festival ruido, y los menos cultos lanzaban improperios a la familia de los sádicos músicos de amanecer. Habrá algunos que tratarán de recordar todos los detalles de los espectáculos o los matices de las discusiones de los foros. Por fin, habrá otros que escribirán ensayos y estudios sobre las obras presentadas en el vano esfuerzo por plasmar en permanente lo por esencia transitorio y único. Habrá finalmente el que escribirá la crónica del festival, pidiendo a todos que, como Cervantes, agradezcan no lo que escribió sino por aquello que ha dejado de escribir.

Irvine, noviembre 1996

Juan Margallo y José Sanchis Sinesterra
Foto de Nel Diago

José Bablé
Foto de Nel Diago

Entrevista a tres directores
del Festival Iberoamericano de Teatro de Cádiz

Verónica Sentis / Marcelo Islas
Universidad de Chile

Como la mayoría de los grandes proyectos, el Festival Ibero-americano de Teatro de Cádiz nace en 1986, constituye el resultado de la conjugación de una serie de felices circunstancias. Desde su primera versión han pasado ya 11 años y con ellos muchísima gente, con su esfuerzo mantenido, han hecho posible este evento. Con tres de ellos, Juan Margallo, José Sanchis Sinisterra y Pepe Bablé —sus sucesivos directores— hemos conversado sobre lo que para nosotros es ya una tradición teatral: encontrarnos cada mes de Octubre en el Festival Iberoamericano de Teatro de Cádiz. Hoy presentamos a ustedes el fruto de esa conversación:

JUAN MARGALLO (1986-1992)

¿Cuál es el objetivo del festival y en qué medida crees que se alcanza?
    Bueno, la verdad es que queríamos recuperar el tradicional vínculo que existía ya entre España y América Latina con las compañías que iban en gira para allá a principios de siglo, relación que se había cortado durante el franquismo. Esto no era original, pues muchas veces a lo largo de los años, compañías españolas habían estado presentes en festivales de América Latina y viceversa, pero no como una instancia estable. Todo esto hacía evidente la necesidad de organizar un festival que tuviera como principal objetivo lograr este encuentro.
    Ahora, mirándolo con ojos de hoy, te das cuenta que nunca hay nada perfecto que se cumpla del todo y que siempre se podría haber hecho algo más; pero el que en estos diez años hayan pasado más de 300 grupos, es un hecho alentador e indiscutiblemente muy significativo.

¿Cuáles son los criterios de selección que se utilizan para escoger las obras?

Cada año durante el período que fui director, estuve tres o cuatro meses en América Latina viajando por más de catorce países. Se procuraba ver la mayor cantidad de cosas. Asistíamos a muchos festivales, pero la verdad es que nunca se alcanza a conocer todo. Entonces cuando no nos era posible estar ahí, tratábamos de conseguir material de video y que alguien que fuera de confianza y que la hubiera visto nos contara. Para eso existen asesores del festival en cada país. Otro criterio que teníamos también en cuenta era la trayectoria de los grupos.

¿Qué nivel de trascendencia crees que tiene el festival?

Bueno, eso depende de a quién le pregunten, pero yo creo que es difícil que exista un grupo de teatro en Latinoamérica que no haya oído hablar del festival de Cádiz.

¿Cómo ha incidido el financiamiento en la calidad del festival?

Al principio había muy poco dinero. Ocurría muchas veces que con mi mujer y mi hermana teníamos que ir en nuestros coches al aeropuerto de Barajas a buscar a los grupos y luego los alojábamos en casas de gente amiga, porque no teníamos dinero para el hotel en Madrid y en ocasiones, debían pasar la noche ahí.

Esto se fue mejorando poco a poco y en 1992 se contó con dinero no sólo para el festival, sino que también tuvimos 80 millones de pesetas de subvención, para montar obras. A Luis Molina, director del CELCIT, se le ocurrió coger los novelistas latinoamericanos conocidos en el mundo entero y que diferentes grupos de renombre los montaran como obra teatral. Esta experiencia no resultó muy bien porque es muy difícil el cambio de género, pero sirvió como prueba y para dar un impulso económico a grupos de allá.

El primer festival tenía un presupuesto de alrededor de 30 millones y en el 92, se contaba con 110 millones, más los 80 millones que les conté, para subvención. Luego pegó un bajón fuerte y actualmente se tienen dificultades. Mantener a todo el mundo es caro, pero imprescindible. Una de las características del festival es que la gente vive y está junta todo el tiempo, lo que es crucial para poder ver el trabajo de las otras compañías. De esta convivencia común nacen el diálogo, el aporte, la discusión y la reflexión conjunta.

¿Cuál es el principal problema que tú le observas y qué sugerirías para superarlo?

Primero que nada, el financiamiento. No tener dinero limita el número de grupos que puedes traer. En otro momento hemos invitado grupos de 80 personas, como las diabladas de Oruro y otros espectáculos de calle. Eso sólo se hace con presupuesto. La otra cosa importante es conseguir que los grupos giren, que no vengan solamente a dar dos funciones aquí en Cádiz, sino que tengan un recorrido por España. Eso es carísimo. Se necesitan camiones, hoteles, viáticos y Cádiz no tiene capacidad. Creo que los ministerios, las redes de teatro, deberían comprometerse y apoyar la gestión. Algunos años se ha hecho, pero sólo con buena voluntad y en pequeña escala. Para mí es fundamental y sólo así podría conseguirse cabalmente el objetivo. Por último y en otro plano, me parece que los debates que se organizan en torno a las obras deberían animarse para que la discusión no caiga en el aburrimiento. No sé, buscar alguna manera de hacerlo interesante, armar follón para que la gente participe. Animar, que salgan ideas nuevas.

¿A qué se debe tu renuncia?

Renuncié porque yo tengo un carácter que no puede estar haciendo lo mismo mucho tiempo. Eso aquí se llama "culo de mal asiento." No tuve ningún problema personal, sino que durante el tiempo en que estuve a cargo sólo pude dirigir dos o tres obras. En realidad aguanté tanto porque viajaba a América Latina y veía muchas cosas, pero quería, necesitaba dirigir.

JOSÉ SANCHIS SINISTERRA (1993)

¿Cuál es el objetivo del festival y en qué medida crees que se alcanza?

Primero, crear una plataforma de encuentro entre teatristas latinoamericanos y españoles y creo que ese objetivo no se ha cumplido suficientemente por desidia de los teatristas españoles. Por mi experiencia y la información que tengo, veo que realmente son muy pocos los teatristas que acuden a Cádiz, salvo los grupos que participan. Para todos los que hemos dirigido, es decir Pepe, Juan y yo, era importante que la gente del teatro español asistiera aunque no estuviese participando en las obras. Segundo, permitir que una selección representativa del teatro latinoamericano se pudiera conocer en España, cosa que creo que se ha alcanzado parcialmente. En parte porque la selección de los grupos está condicionada por el presupuesto y también porque a veces la hemos hecho —me incluyo— con criterios paternalistas, por querer apoyar a un determinado país o a un determinado grupo; lo que hace que no venga todo lo más significativo. A esto se suma el que las obras sólo se exhiben en Cádiz y no existe una red de distribución de los espectáculos por España preparada con la suficiente antelación y densidad. Esto para mí es una deuda que tenemos con los latinoamericanos.

Lo anterior no es una crítica sino la constatación de un hecho, que estoy muy consciente que deriva de la insuficiencia presupuestaria. Hasta que las instituciones españolas no tengan un compromiso real y vean que el festival de Cádiz es un evento de enorme importancia y no una operación tercermundista, habrá que seguir peleando.

¿Cuáles son los criterios de selección que se utilizan para escoger las obras?

En cada dirección los criterios han sido por una parte análogos y por otra diferenciales. Todos tratamos que las obras tengan calidad y sean representativas, que reflejen la problemática y las soluciones estéticas de los países y que sean a la vez inteligibles en un contexto cultural distinto. Ha existido también, como dije, el criterio paternalista, porque hay países que si bien no tienen la misma calidad de producción que otros, era necesario darlos a conocer y ofrecerles un estímulo, como incentivo de desarrollo de la propia realidad teatral.

En mi caso que puse como tema monográfico la América India, intentaba traer manifestaciones teatrales y parateatrales que dieran cuenta de esta cultura, pero fracasé estrepitosamente. Los organismos latinoamericanos que debían haber apoyado esta presencia no lo hicieron, porque existe un fuerte desprecio por lo indio no sólo en España, sino también en estos organismos que se manejan con un doble discurso.

Existen ocasiones en que se tienen que aceptar espectáculos porque nos los ponen en bandeja. Es decir, instituciones latinoamericanas que pagan todos los gastos de viaje de una compañía, no en relación a su calidad, sino en relación del apego de este grupo a una determinada postura política y ante la imposibilidad de llevar a otros, aceptamos algunos como mal menor.

¿Qué nivel de trascendencia y prestigio crees que tiene el festival?

Desde un punto de vista objetivo y mayoritario creo que todavía no ha tenido la trascendencia que debería en relación a su importancia. Pienso que no es responsabilidad de la organización ni de las sub-venciones, sino que se debe en parte al desinterés de la cultura española por Latinoamérica, en estos últimos años. Desde que el PSOE nos metió en la postmodernidad a patadas en el culo y nos hizo europeos a la fuerza, ha habido un desinterés creciente en cuanto a esta cultura, salvo como sede del catastrofismo. Esto se manifiesta especialmente en la gente de teatro, que vive una fascinación papanatas e idiota por todo lo que es Europa y EE. UU.

No quiero, eso sí, dejar de mencionar una cosa muy positiva: Cádiz es un lugar de citas para aquellos agentes culturales que ya de por sí están interesados por Latinoamérica, pues se les ofrece una plataforma concentrada donde tomar el pulso del teatro que se realiza allá.

¿Cómo ha incidido el financiamiento en la calidad del festival?

Bueno, en realidad eso ya lo hemos venido hablando durante toda la entrevista. Pero quiero reforzar que evidentemente lo económico tiene un papel fundamental a la hora de extremar más los criterios de selección en cuanto a la calidad intrínseca de los espectáculos. Con respecto a esto, quiero señalar que en el 92 se hizo una tentativa muy interesante que no resultó tan positivamente, pero que no creo que por ello haya que abandonarla. Era el establecimiento de un régimen de coproducciones con grupos latinoamericanos. Grupos conocidos por su rigor y calidad recibieron medios para llevar a cabo proyectos que luego serían invitados a Cádiz y girados por España y por Europa. A mi parecer esto debería continuarse y se necesita dinero ¿no?

¿Cuál es el principal problema que tú le observas y qué sugerirías para superarlo?

Los problemas ya los he señalados y las soluciones para mí estriban por una parte en el financiamiento, del que ya hemos hablado suficiente y por otra parte en la distribución. Debería existir una organización paralela al festival que estuviera ya programando la difusión de las obras por los circuitos teatrales europeos. Incluso creo que si se consiguiera que determinados espectáculos que vienen a Cádiz fueran invitados a otros festivales europeos, se produciría el efecto boomerang de interesar a los propios programadores españoles. Ya se sabe, lo que valora Europa, ya lo podemos valorar nosotros.

Se me ocurren también estrategias secundarias como convertir Cádiz en un evento de actualidad cultural, en el que se inviten figuras de reconocido prestigio, como García Márquez u otros, jugando las mismas cartas ¿no? porque bueno, estamos dentro de un sistema.

¿A qué se debe tu renuncia?

¡Uf!, bue..., como todo en la vida no hay una sola causa. Hubo factores de tipo objetivo y otros subjetivos. Para organizar el festival y sondear lo que ocurre en América Latina hay que estar todo el tiempo dedicado a esto y tener un calendario de absoluta disponibilidad. Creo que una sola persona no puede hacerlo. Debería haber una dirección tripartita por lo menos, o que el consejo asesor tuviese más capacidad decisoria. Yo me veía absolutamente desbordado, pues implicaba abandonar mi trabajo en la sala Beckett y en Barcelona. También influyó que el tipo de festival que yo quería hacer, con temas monográficos, con mayor incremento del debate teórico y la integración de otras artes; no eran por una parte de interés del patronato y por otra, los medios eran insuficientes.

El otro factor que es tal vez muy subjetivo, si se quiere tonto, era que la dirección modificaba mi relación con los teatristas latinoamericanos y eso me parecía un precio demasiado alto a pagar. Tanto los que me trataban con distancia para que yo no pensara que se aprovechaban de la amistad, como los que intentaban utilizar su amistad conmigo como derecho para ser invitados. Vi que se estaban enrareciendo las relaciones y me interesó más mantener un vínculo directo y personal con ellos, que no como representante de una instancia que los puede llevar a Europa, con todo lo que eso tiene de mito.

JOSÉ BABLÉ (1994-1996)

¿Cuál es el objetivo del festival y en qué medida crees que se alcanza?

Dar la posibilidad que los grupos latinoamericanos vengan y se reúnan acá, pues no sólo sirve como "encuentro de dos mundos", sino que también para que los grupos latinoamericanos se conozcan entre sí. Ahora, es evidente que faltaba un diálogo entre España y América Latina. Generalmente uno llega a los lugares, actúa, carga la camioneta y se va. Nosotros no queríamos eso, queríamos discusión y convivencia. Un festival que propiciara el diálogo, cosa que hacia el fin de milenio se vuelve escaso. Yo creo que eso se cumple bastante.

¿Cuáles son los criterios de selección que se utilizan para escoger las obras?

Son variopintos. No es que yo vea un espectáculo que me gusta y lo traiga. Sí, te tiene que gustar, pero no se puede programar un festival sólo con mi gusto. Este festival tiene que atender a muchísimos sectores, está el factor público al que hay que cautivar para que defienda el evento. También está el factor político, el factor latinoamericano. Hay que ser muy cauto a la hora de programar. Yo he ido creciendo junto con el festival y a partir de este año me siento caminando por mis propios pies, más expuesto pero a la vez más libre. Cada grupo que está esta vez aquí, es porque tiene que estar. No hay ningún espectáculo que esté porque sí, porque haya un hueco en la programación.

Considero importante también el apoyar y mostrar el teatro de algunos países que no tienen una consolidada tradición teatral, pero que tienen fuerza y presencia. Para mí el teatro latinoamericano es el balón de oxígeno del teatro europeo; es la variedad, lo diverso, lo múltiple.

¿Qué nivel de trascendencia y prestigio crees que tiene el festival?

El prestigio es palpable. No quiero decir clichés como "Cádiz, la meca del teatro latinoamericano," "Cádiz, la puerta de Europa." No, Cádiz es algo necesario porque los creadores latinoamericanos, lo vuelven necesario al valorarlo. Esto es como un congreso, pues no sólo se representa sino que se discute y reflexiona; lo que lo vuelve diferente. La gente se recuerda de los 3 ó 4 espectáculos que prefirieron, pero sobre todo, recuerdan la convivencia, estos días en común en que todo se vuelve un aporte para futuras creaciones.

¿Cómo ha incidido el financiamiento en la calidad del festival?

Me gustaría tener dinero para realizar muchas cosas que se quedan en el tintero, pero para mí la habilidad del técnico está en saber utilizar los recursos con que cuenta. Hoy, tenemos el presupuesto más bajo de la historia del festival. Soy consciente que me ha tocado bailar con la más fea, pero hay que ver la diferencia entre el festival de 1990 y el de hoy. En1992 teníamos dos millones de dólares de presupuesto y en este momento contamos solamente con 200 mil dólares, pero que comparen, cualquiera que me acompañe en este análisis puede contestarse. Claro que me gustaría tener más dinero para traer más gente, atender mejor, poder pagar a toda la gente que trabaja gratis sólo porque cree en el proyecto y porque son amigos. Pero ésta es nuestra realidad actual y seguimos adelante a pesar de todo.

¿Cuál es el principal problema que tú le observas y qué sugerirías para superarlo?

Para mí el festival debe revitalizarse. Si bien es importante consolidar, siempre es necesario revitalizar, no se puede convertir en algo muerto, tiene que crecer, mejorar cada vez. Si lo estoy consiguiendo o lo voy a conseguir, no sé, el tiempo es juez inapelable. Cuando asumí la dirección, me planteé algunas metas y creo que se van consiguiendo. Por un lado me interesaba hacer festivales monográficos en los que se muestre ampliamente la obra de un determinado país; que la gente en diez días pueda tener un acercamiento a una realidad teatral determinada. Por otro, hacer primar la calidad sobre la cantidad. Mostrar un teatro que conmocione al espectador de alguna manera.; un teatro que sea una cosa viva, que transforme.

Yo quisiera que el espectador de teatro debatiese en la calle tan airadamente como se debate sobre un concierto rock, sobre un partido de fútbol, o sobre la intervención de cualquier político en la televisión. No sé si estoy divagando, debe ser el cansancio, pero ésa es mi apuesta.

FIT de Cádiz: el estilo del sur

Désirée Ortega Cerpa
Festival Iberoamericano de Teatro de Cádiz

Aunque parezca una broma creemos que hablar del Festival Iberoamericano de Cádiz desde el punto de vista de la organización, es más difícil para alguien de la propia organización. Porque el refranero es viejo y sabio, demostrándonos una vez más que "los árboles no dejan ver el bosque. "Cuando uno está en plena fiebre *fitera-teatral*, está tan preocupado porque la fotocopiadora se ha estropeado justo cuando hay que fotocopiar quinientos programas para la función de por la noche, es domingo y está todo cerrado, porque el vuelo que viene desde Chile se ha retrasado y uno de los actores no tendrá otra opción que maquillarse al bajar del avión y entrar directamente a escena, porque no se han puesto los carteles de la conferencia con el nuevo horario, porque el conferenciante no llega, porque no hay agua en la mesa, porque se ha perdido un fax, ...y así hasta el infinito, que no es posible apreciar que la fotocopiadora ya se ha recuperado (también tenía derecho a una hora libre), que el actor que faltaba ya está en escena, que los carteles ya están puestos como por arte de magia, que el conferenciante estaba en el cuarto de baño y el agua y el fax delante de tus narices. Entonces uno toma conciencia de dónde está, en el Festival Iberoamericano de Teatro de Cádiz, el festival de las tres "B": "Bueno, bonito y barato "y del "aquí no hay problema." Y cuando todo ha terminado uno comprueba con orgullo, los porcentajes de taquilla casi al 100% de ocupación en todos los espectáculos, brindando por haber apostado por la calidad antes que la cantidad, aunque el presupuesto de 62 millones se haya quedado más que corto, escaso. Se enorgullece de que a pesar de que no se pudo contar con el proyectado y aún no terminado Palacio de Congresos —siempre se ha dicho que *las cosas de palacio van despacio*— pudieron reubicarse todas las representaciones y actos complementarios. Que todas las huelgas de transporte, controladores aéreos y accidentes varios no sabían que la máxima *el espectáculo debe continuar* se cumple en Cádiz a rajatabla. Y la mejor

conclusión es que este sur por el que el nórdico Maastricht siente tanta
desconfianza, ha encontrado en el Festival de Cádiz un estilo propio de
trabajo, donde son posibles la imaginación, la generosidad y la capacidad
de improvisar al mismo tiempo que la responsabilidad, la operatividad
y la planificación.

El FIT de Cádiz ha cumplido una década y ha entrado en una nueva
etapa, pero no piensa en *borrón y cuenta nueva,* porque se estaría
negando a sí mismo. Porque está claro, al comprobar cómo otras
dinámicas han desaparecido a lo largo de estos diez años, que había una
razón de ser cuando en el 85 se planteó hacer un festival iberoamericano.
El Festival ha defendido contra viento y marea sus señas de identidad.
La más importante, su carácter convivencial, espacio de confrontación
que ha visto fructificar acuerdos, intercambios, convenios, proyectos,
nuevas políticas y dinámicas de progreso cultural, que le han valido ser
calificado como milagro, hecho insólito, puerta de Europa y América,
faro de dos mundos, punto de encuentro, memoria teatral, y, de-
finitoriamente, Casa Común del Teatro Iberoamericano. Una vez más,
el FIT de Cádiz ha vuelto a propiciar el encuentro intercultural dentro de
un espacio multidisciplinar con la presencia de distintos lenguajes artísticos —es un festival mestizo, nunca mejor dicho— lo que confirma su
validez como plataforma de diálogo entre los artistas y profesionales del
teatro.

El FIT nunca se ha dormido en los laureles y desde 1992 está en
continua revisión. En 1993 se decidió la creación del Patronato del
Festival con el objetivo de institucionalizar el evento, dotándolo de una
plataforma jurídica que facilitara su actividad, asegurando su permanencia y estabilidad. Está constituído por el INAEM (Instituto
Nacional de las Artes Escénicas y de la Música del Ministerio de
Cultura), la Fundación Municipal de Cultura del Ayuntamiento de Cádiz,
Diputación Provincial y Universidad de Cádiz, Junta de Andalucía y la
Agencia Española de Cooperación Iberoamericana. Sus funciones son
la realización, organización y promoción del Festival, su proyección a
nivel internacional, gestión ante otros organismos oficiales y consecu-
ción de medios económicos. Y aunque Pepe Bablé asume desde 1994,
además del cargo de director gerente, la dirección artística, está asistido
por la presencia de un Consejo Asesor del Festival, integrado por profesionales conocedores del hecho teatral y de la realidad latinoamericana
que, desde 1986, aportan su experiencia y confianza en el Festival de

Cádiz, para que nunca pierda su identidad ni las claves que lo caracteri-
zan: Juan Margallo, José Sanchis Sinisterra —anteriores directores—
Moisés Pérez Coterillo, Claudio di Girolamo, Octavio Arbeláez y
Aderbal Freire Filho.

También desde 1993 se esbozaron las líneas maestras del Festival
hasta el fin de la década, diseñando festivales monográficos: *La América
India* (1993), *La América Negra* (1994) y *La América Mestiza* (1995).
A partir de 1996, los monográficos adquieren una nueva dimensión,
dedicándose cada edición a un país determinado, aunque no de manera
excluyente. En la XI edición el país elegido ha sido Colombia: se han
presentado cinco formaciones teatrales con visiones completamente
diferentes del hecho teatral, contando además con la presencia de
críticos, literatos, periodistas, artistas plásticos y completándose el
programa con actuaciones musicales, danza, exposiciones plásticas.... El
resultado ha sido todo un éxito. El monográfico colombiano ha suscitado
el interés del público, de diferentes organizaciones e instituciones
latinoamericanas, que ya han solicitado prioridad al momento de
determinar el próximo país (para 1997, México). Nada desdeñable, en
este festival de economía de supervivencia, es que con esta dinámica, se
consigue una importante rentabilización de los recursos, ya que las
actividades vienen con un fuerte respaldo económicamente desde el país
de origen.

El Festival siempre ha sido más que una muestra intensiva de
espectáculos. Para completar la visión del mundo iberoamericano,
matizar aspectos concretos, exponer peculiaridades, denunciar las
carencias existentes, está la otra cara —que no oculta— del Festival: el
programa de Actos complementarios: siete exposiciones, feria latinoamericana de artesanía, gastronomía y folklore, creación de la
federación ECRIT, conferencias colombianas, el Centro Andaluz de
Teatro a través de Internet, publicaciones de Jorge Díaz, Juan Larrondo
y Lazaranda.... De entre todos los actos hay que significar que la
recuperación del espacio de los Foros con los grupos participantes,
coordinados por el equipo de investigación asociado con la revista
Gestos ha dado un resultado óptimo, ya que no sólo se ha conseguido
sistematizar algo que se venía produciendo de forma libérrima y sin
ningún criterio pedagógico, sino que se ha logrado que la incidencia del
Festival traspase otras fronteras, tanto geográficas como culturales.
También hay que destacar la celebración del II Congreso Iberoamericano

de Teatro, calificado ya como "histórico," sobre el tema *América y el teatro español del siglo de oro*. En un ambiente de cordialidad, destacó el afán de reflexionar, dialogar, discutir y aprender sobre nuestros clásicos compartidos de todos los participantes, tanto de especialistas veteranos como de los más jóvenes estudiantes.

Una vez más, el Festival Iberoamericano de Teatro se convirtió en fiesta del aprendizaje, de encuentro y del reconocimiento. Robándole a Kavafis las últimas líneas de su poema "Itaca," podemos exclamar: "y como sabio te habrás vuelto, con tantas vividas experiencias, entender podrás cabalmente, qué es... qué significa... CÁDIZ."

Carta desde Madrid[1]

Este Festival adolescente bem comportado, me invade em cheio. Todos os eventos de um encontro como este, são de vital importancia. Passo uma parte de meu tempo, buscando os atores participantes, vejo poucos e poucas vezes, donde estarão? Nos foruns de debates, claro que sim, pelo menos no dia em que se comentará seus respectivos trabalhos expostos na noite anterior. Para minha surpresa quase ninguém, bem, quem sabe... na confortável sale de vídeos certeza, pos os vídeos apresentados todos os dias são muito bons. Me sento ao lado de mais duas pessoas e revejo o trabalho de grande valor artístico de Víctor García, a quem tive o privilégio de conhecer, e revia em vídeo obras que tivera oportunidade de assistir no teatro da Ruti Escobar. Volto no dia seguinte e novamente quase ninguém, e os atores diretores? Desisto. Melhor contentar-me em ve-los na hora da bandeja. Porque os atores e directores? Porque sem eles o teatro inexiste, e, me preocupa esta ausencia, o teatro precisa de muita vitalidade para acompanhar a velocidade deste século. Um Festival como este de Cádiz merece por seu empenho e organização, toda nossa atenção, aproveito para destacar com bastante enfase, a presença das mulheres espanholas que estão conviviendo muito bem com o poder. Excma. Sra. Dña. Esperanza Aguirre y Gil de Biedma: Mimistra de Educação y Cultura. Excma Sra. Dña. Carmem Calvo Poyato: Consejera de cultura de la Junta de Andalucía. Excma. Sra. Dña. Teófila Marinez Sáiz: Alcadeza de Cádiz y Presidenta de la Fundación Municipal de Cultura.

Diante da evidente constatação, do interesse em colaborar com este tão prestigiado evento por parte das mulheres espanholas que estão no poder, faço uma pergunta ao organização do Festival, ao seu conselho assessor, as mulheres do poder e a mim mesma: Onde estariam as mulheres diretoras? Espetáculos apresentados, 18 é o número, directores, também 18. Ja percebo tres ausencias, os atores que estão e nao estão, as diretoras e o Brasil. Bem, também nem tudo neste Festival

---

[1] Al término del Festival se hizo circular una nota invitando a los participantes a enviar testimonios para incluir como Apéndice de este volumen. Sólo se recibió esta carta desde Madrid.

45

fez parte de minhas inquietudes; a crítica por exemplo, esteve presente
quase o tempo todo, sò que não disse quase a nada, com os críticos se
podia conviver mais, ou melhor, ver mais, faltou diálogo. Não posso
deixar de registrar a segura e inteligente presença do Sr. Juan Villegas,
profesor da Universidade de California, Irvine e diretor do grupo de
investigação. Enquanto faço minhas indagações procuro não perder
nenhum evento e posso citar por exemplo: de excelente, alto nivel, bem
organizado, bem realizado, II Congresso Iberoamericano de Teatro: del
teatro del siglo de Oro Espanhol. Quanto aos espetáculos apresentados
pudemos visualizar momentos mágicos, montagens muito bem e-
laboradas, situações discutíveis enquanto linguagem teatral, momentos
dialéticos se tornamos o assunto mais abragante, ou seja; o Festival no
conjunto de obras exibidas. Festival: encontros, intercambio, exposição,
aprendizado. Cádiz tem um festival muito bem organizado e não podería
acontecer de esta maneira, não fosse a presença generosa e batalhado-
ra de seu diretor, Pepe Bablé Neira. Continuarei investigando e
buscando essas criaturas tão importantes para o desenvolvimento
teatral de um País, o "Festival "é momento.

Isabel Ortega
Investigadora, atriz e diretora

ENSAYOS

Una paradoja multicultural: el XI Festival Iberoamericano de Cádiz en el contexto de la globalización de las culturas

Silvia Pellarolo

California State University, Chico

En sus reflexiones acerca de las prácticas interculturales en la historia del espectáculo de occidente, Coco Fusco recuerda la apropiación de elementos exotizables de culturas periféricas, como el uso reiterado de "muestras aborígenes" llevadas a Europa para la contemplación estética y el entretenimiento de públicos centrales. En las conclusiones de su trabajo sugiere que estas prácticas aún tienen vigencia hoy en día, en sus "versiones benignas" en el contexto de los festivales internacionales y los parques de diversiones (146-7). Un detenido análisis de algunas obras presentadas en el XI Festival Iberoamericano de Cádiz ayudará a evaluar acerca de esta apreciación.

Este encuentro teatral estuvo enmarcado por dos textos que parecieron servir de soporte teórico para su organización: el artículo inicial de Eugenio Barba, que encabeza a modo de prólogo el catálogo del Festival de Cádiz de este año, titulado "El espacio paradójico del teatro en las sociedades multiculturales," y el documento redactado por los ECRIT, en el que se enumeran los objetivos de esta asociación, sancionada y puesta en marcha en uno de los actos complementarios, que reúne a individuos que repiensan el hecho teatral desde España.

Si partimos del marco teórico propuesto por el artículo de Barba citado, podríamos considerar este Festival de Cádiz como un intento de reflexión desde el teatro iberoamericano, de los cruces, desplazamientos, síntesis, simbiosis y sincretismos que propone la globalización de las culturas en este tardío capitalismo. Asimilación a una cultura global, internacionalismo, regionalismo y su exageración: provincialismo, nacionalismos; además de hibridización y mestizaje, fueron algunas de las propuestas presentadas en las obras.

En cuanto al contenido del artículo, y dejando de lado un discurso un tanto vago debido a la falta de posicionalidad del sujeto que escribe, el teatrista italo-danés describe lo multicultural desde los efectos negativos

que puede producir en una sociedad.[1] Lo negativo, según Barba, de una
sociedad multicultural donde "las diferencias son difíciles" (*XI Festival
17*), es que se trata de una experiencia ambivalente, que provoca
confusión y amenaza de desestabilización en aquellos "oasis de convivencia pacífica entre grupos e individuos de culturas diferentes" que
califica de "islas afortunadas y ejemplares" (*XI Festival 17*).

Partiendo de esta particular conceptualización de lo multicultural,
que no contempla las diferencias de poder que se generan en todos los
encuentros transculturales, concluye que "en una sociedad de diferencias
difíciles, el teatro se vuelve un espacio paradójico" (*XI Festival 17*). La
paradoja se produce no en el seno de una entelequia teatral, sino en lo
que él denomina "tercer teatro," que no es ni el teatro oficial burgués
europeo, ni sus alternativas ("otros espacios teatrales, divergentes o de
oposición: teatros de arte, de vanguardia, estudios, 'piccoli teatri,'
'théâtres de poche,' 'ateliers,' 'workshops,' talleres, laboratorios, teatros
'off' y 'off-off'" [notemos la curiosa omisión del teatro popular en esta
enumeración] [*XI Festival 17*]). A pesar de no especificarlo, este "tercer
teatro" es el que se produce a nivel comunitario en el Tercer Mundo
("compuesto por minorías motivadas" [*XI Festival 18*]), con el que
Barba y su grupo, el Odin Teatret, rabajan durante sus giras en encuentros y talleres. Agrega que "el espacio paradójico del teatro" es uno de
turbulencia alejado de las luces y de la atención de los expertos y de los
creadores de opiniones. Hace falta reflexionar sobre esta contradicción:
los teatros marginales y excluidos intentan fundar un nuevo sentido y un
nuevo valor para una práctica que parece destinada a permanecer como
una reliquia gloriosa de un modelo de sociedad en vías de desaparición.
(*XI Festival 18*).

Celebración de un teatro de emigración, diaspórico, desterri-
torializado, no necesariamente para la construcción de identidades
colectivas entre lo/as emigrado/as, sino para promover "relaciones (...)
entre los individuos y entre las diferentes voces dentro de un mismo
individuo" (*XI Festival 18*). Teatro de exilio como "conquista," como
"acción política," "una toma de posición (...) concreta y activa contra una

---

[1] Es interesante destacar que habla de "una sociedad" en singular un teatrista
que pasa nueve meses del año viajando a distintas regiones del mundo para hacer
encuentros con colegas extranjeros. Resulta extraño que la dimensión
transnacional de su teatro no sea considerada en este artículo.

sociedad que tiene miedo de sus múltiples almas" (*XI Festival 18*).

Como complemento de este manifiesto del festival firmado por uno de los grandes teatristas europeos que se nutren de la savia de las culturas periféricas para crear un nuevo tipo de teatro, es necesario agregar el documento distribuido por los Espacios Críticos de Reflexión e Investigación Teatral (ECRIT), cuyos objetivos y presentación destacan que estas

> [a]sociaciones han nacido para contribuir a la creación del pensamiento teatral contemporáneo, en el seno mismo de la génesis artística, y no, al modo de la crítica tradicional, para juzgar las representaciones acabadas. (...) [Y para] establecer un espacio crítico en el que se desarrolle una reflexión en común (...) lo suficientemente abierta como para integrar la diversidad de todas las opiniones (...) que, por venir de especialistas de todas las ramas relacionadas con el arte dramático, dan lugar a su vez a la necesaria confrontación multidisciplinar (mimeo).

Claramente opuestos a un teatro de "rentabilidad económica," destinado al "entretenimiento" y a "la industria del ocio," estos esfuerzos de los ECRIT intentan rescatar "la lucidez activa y arriesgada de otras épocas."

Partiendo de esta doble propuesta crítico/práctica, celebratoria de una pluralidad y diversidad muy del gusto de ciertas tendencias postmodernas debido a su enfoque idealista y deshistorizado de las relaciones interculturales, intentaré responder a las preguntas que surgen naturalmente ante la diversidad de tendencias estético-ideológicas presentadas por los distintos grupos, con las que los organizadores de este festival intentan ilustrar esta "pluralidad multidisciplinar y multicultural" del teatro iberoamericano actual. ¿Con qué propósito se usan? ¿Por motivos de experimentación o guiados por una intencionalidad política de descolonización? ¿Por resistencia a una cultura global, o con la finalidad de una feliz asimilación a una cultura homogeneizadora impartida desde los centros de poder en un momento histórico sin utopías colectivas y locales?

La marcada tendencia en varias de las obras presentadas, de disloque entre la propuesta de la dirección y la realidad latinoamericana de la que surgen, nos obliga a reflexionar acerca del concepto de multiculturalismo y sus implicaciones para las culturas periféricas. En este festival se presentaron varios grupos cuyos directores europeos o de países hegemónicos se habían puesto al mando de compañías locales, imponiendo su propio entrenamiento y visión del mundo. De este modo, este inevitable juego de poder entre jóvenes actores/actrices vernáculos y experimentados directores representantes de culturas centrales, podría interpretarse como una versión abuenada de un imperialismo cultural, *aggiornado* en la "corrección política" del multiculturalismo. La naturalidad con que los miembros de las compañías entrevistadas aceptaban este desequilibrio de poder resulta paradojal (parafraseando y resemantizando el título del artículo de Barba) a críticos/as teatrales entrenados/as en prácticas y teorías de teatro latinoamericano de fuerte intención descolonizadora y democratizadora del trabajo teatral.[2]

Sin desconocer que las obras que se presentan en festivales internacionales están generalmente destinadas a públicos variados y especializados, es posible constatar en obras como las presentadas por el grupo suizo-mexicano Sunil, o los colombianos Corporación Estudio Teatro y Barco Ebrio una cierta "universalización "de las propuestas teatrales, signo de asimilación de los teatros locales a los gustos de un público global, celebratorio de representaciones y estéticas "multiculturalistas." ¿Es éste un caso típico de reificación de las culturas periféricas propuesta por culturas centrales, como suplemento de energía a su agonizante teatro, o una necesaria adaptación de teatros latinoamericanos a una situación de globalidad que les permite al menos una digna subsistencia?

El grupo de teatro Sunil de Lugano, dirigido por el ítalo-suizo Daniele Finzi Pasca, acompañado por la actriz mexicana Dolores Heredia, es un buen ejemplo de uno de los objetivos del festival: "dar cabida a aquellos grupos internacionales que desarrollan un trabajo

---

[2] Estoy pensando en propuestas teatrales como las presentadas desde los 70 por teatristas como Augusto Boal, Santiago García, Enrique Buenaventura, Osvaldo Dragún, y que aún tienen vigencia en la propuesta de la Escuela Internacional de Teatro de Latinoamérica y el Caribe, con sede en Cuba, dirigida hasta hace muy poco tiempo por Osvaldo Dragún, cuyos objetivos son un intercambio de estrategias y enfoques de los teatros latinoamericanos con el fin de promover la constante búsqueda de una identidad continental. Como anuncia su constitución de 1989, la tarea de la escuela es "la defensa y la exploración de una identidad latinoamericana y caribeña además de los ideales de liberación y soberanía para nuestros pueblos" (Citado en Epstein 162, mi traducción).

continuo con Iberoamérica, bien mostrando espectáculos de primera línea o bien coproduciendo con grupos o actores de estos países "(*XI Festival 94*). Las dos obras presentadas por el grupo, *1337* e *Ícaro*, desarrollan su particular estética de la "clownería, "que, según el director, permite crear un espacio de intimidad con los espectadores, y "a través de la gracia y la levedad cumplir una de las vocaciones del teatro: acariciar". (*XI Festival 93*). En este teatro donde la caricia o el gesto burlón reemplazan a la denuncia, "el clown (...) es el hombre patético comprometido con los pequeños acontecimientos que dan vida a lo cotidiano" (*XI Festival* 93).

1337, subtitulada originalmente *Déjeuner sur l'herbe*, es, según su director, una obra de "teatro bucólico" que presenta en su anécdota una historia de amor imposible, un reencuentro de dos amantes en una colina durante un eclipse de sol y su trágico final. Recurriendo a técnicas absurdistas (la mención a las 1337 saquillas de pasto para hacer crecer en el escenario, las 1337 vírgenes robadas para desarrollar sus obras sagradas, sumado a una intertextualidad beckettiana), del teatro épico (el prólogo narrativo que introduce la obra y en el que se revela el desenlace), y una rica referencialidad al teatro popular católico (pastorelas, milagros, misterios, autos sacramentales, etc.) al que parodia farsescamente, esta obra resulta un ritual de complicidad entre el escenario y el público, al propiciar una reflexión acerca del artificio teatral. El uso de técnicas brechtianas de distanciamiento y constantes recursos metateatrales, sumados a las alusiones al conflicto de la pareja ficcional por representar el rol protagónico en las obras tradicionales cristianas, aluden deícticamente a lo que interpreto como el subtexto de la obra: la lucha de poder en las relaciones amorosas, y una oblicua alusión a la violencia doméstica.

La retórica de la "caricia" de este modo vela, en mi opinión, un fuerte control desde la voz de la dirección, que se refleja no sólo en la anécdota de la conflictiva historia de amor y su trágico final, sino en la emblemática obsesión del director/personaje principal por representar el papel protagónico de la Virgen en las obras cristianas, alusión simbólica, a mi entender, al rol omnipotente que asume este director en su trabajo teatral. El envenenamiento final del personaje/director por su compañera resulta en el marco de esta interpretación, una consecuencia lógica —aunque disfuncional— a la presión impuesta por una fuerza represora enmascarada en la caricia clownesca.

La llamativa ausencia de elementos del rico acervo mexicano de teatro popular, tanto católico como profano (recordemos la larga tradición del teatro de carpa que perpetúa en la industria cultural la teatralidad "clownesca" de Cantinflas), nos invita a reflexionar acerca de la propuesta de la dirección de esta obra. Si bien durante la entrevista a los actores, nos confesaron que traen a la misma memoria de su participación en hechos teatrales de tipo popular, el resultado sincrético no provee claves para desentrañar las fuentes de vivencias o religiosidad mexicanas.

La obra, sin duda, logró seducir a un público —y una crítica— ávidos de la aparente ternura que brinda esta producción de gran complejidad teatral, pero al mismo tiempo, infantilizada, debido a su apelación a emociones recónditas y primales a través de su estética clownesca. Esta esconde, en su reverso, la perversidad que aun los niños son capaces de manifestar.

Otra obra que interesa considerar es el *Hamlet 1* del grupo co-lombiano Corporación Estudio Teatro, dirigido por Pawel Nowicki. Se trata de un director polaco, formado en su país natal, autor de un artículo, "Análisis e interpretación del texto dramático," en el que desarrolla su particular concepción del acercamiento a los textos desde la dirección teatral. En este ensayo, desestima en cierto modo aquellas tendencias "democráticas" de la creación y práctica teatrales, en las que el poder es ejercido de modo equitativo por todos los miembros de la compañía. Sugiere, en cambio, la "indispensabilidad "del director, cuya "aparición" en la historia del espectáculo, según él, genera problemas, "ya que se trata de una persona soberbia y agresiva, que fácilmente toma el poder del teatro y subordina a todos los demás ejes de la organización teatral" (10). Es con esta actitud de valorización del texto teatral desde la autoridad de la dirección —en franco contraste con la tradición del Nuevo Teatro colombiano[3]— que Novicki enfrenta el texto de Shake-

---

[3] Me refiero a la desestimación del texto dramático en cuanto obra literaria y al privilegio de una "dramaturgia de autor," inaugurada por el trabajo de Enrique Buenaventura con su Teatro Experimental de Cali. Este tipo de creación colectiva, con la cual también viene ensayando Santiago García, con su grupo, La Calendaria, desde principios de los 70, surge, como asegura Gerardo Luzuriaga, debido a "una falta de auténtica tradición teatral en Colombia [que] los obligaba a casi inventar de nuevo el teatro, ajustándose a normas que iban

speare y le da su personal impronta en una *mise en scène* sugerente y original. Se trata de "teatro a domicilio," una íntima puesta que desarrolla con su grupo de actores y actrices recientemente egresados de la Escuela Nacional de Arte Dramático de Bogotá. El proyecto se describe en el catálogo del festival, como "un trabajo profesional, hecho por jóvenes y para gente joven y con una propuesta de teatro colombiano, tipo exportación, digna de ser vista en los más importantes festivales y escenarios del mundo" (31). Si por "teatro profesional" el grupo entiende un trabajo redituable, indudablemente lo es, pues, además de presentar su obra en festivales nacionales e internacionales, en Bogotá la llevan "a domicilio," para un público joven con los recursos económicos suficientes como para pagar representaciones privadas. La identificación generacional entre actores y público crea una complicidad en cuanto a los códigos de los que se vale esta original revisión de un clásico con objetivos claros de cuestionamiento a un provincialismo, del que, según el texto espectacular, adolece el país caribeño, "[*Hamlet*] quiere desprenderse de esta tradición provinciana de Dinamarca, Inglaterra o Colombia, quiere superar la arepa, el aguardiente y la negra morena, desea confrontarse con el mundo sin estas trabas" (*XI Festival 32*). "Superación" que puede considerarse paralelamente a la opción por producir un teatro exportable, para públicos internacionales, en el que "lo colombiano" paradójicamente está presentado en contigüidad metonímica con "lo infantil." En efecto, la solución encontrada por la dirección para la puesta de este *Hamlet* incompleto[4] en los espacios

---

surgiendo de la práctica misma "(116). Esta "apropiación de los actores de la producción teatral" significa "una ruptura con los modos tradicionales y convencionales de relación entre los diferentes eslabones del proceso creador y, de contrapartida, la fundación de nuevas relaciones: entre el colectivo y el director, entre el colectivo y el texto dramático, entre el colectivo y el público, y también entre los miembros del colectivo" (116).

[4] En el *Hamlet 1* —primera parte de dos anunciadas por la compañía— se presentan sólo los tres primeros actos de la obra shakespeareana, hasta el asesinato de Polonio. El pausado detenimiento en el detalle de la puesta hace sin embargo durar el espectáculo más de tres horas, creando de este modo un desafío a la resistencia de los espectadores. Si bien en Cádiz no era permitida la consumición de ron que la compañía ofrece usualmente en sus producciones "a domicilio, "fue posible sobrellevar la extensión del espectáculo con café, té y gaseosas provistas por el teatro. En cuanto a los niveles de resistencia, fue

reducidos de las salas de estar de los hogares de clase media bogotanos, es presentar la obra alrededor de una mesa, donde se lleva a cabo la acción teatral limitada a mínimos movimientos. El público se ubica a los costados de ésta, creando un acercamiento cómplice a una producción desenfadada que requiere tolerancia y paciencia de parte de los espectadores, quienes, debido a la extrema proximidad a la "escena," se ven inmersos en los pliegues del artificio teatral.

El problema de la escenografía fue resuelto con gran habilidad por el grupo, ya que los cambios de escena se sugieren con una sucesión de manteles de distintos colores que se arrojan sobre la mesa (destaco como muy original el tormentoso viaje en barco a Wittemberg, representado con un mantel azul, movido por los actores, quienes oficia de asistentes de escena). Los elementos de utilería, que remiten casi siempre al mundo adolescente/infantil de Hamlet (mochila de Benetton, una pecera iluminada, un castillo de papel plegable salido de un libro de cuentos, una radio, un globo terráqueo, un rompecabezas, etc.), son reforzados por el infantilismo con que son presentados los allegados al príncipe (la demencia de Ofelia, por ejemplo, vestida con un impermeable y ruleros en la cabeza, es magnificada con su obsesiva atención al juego de acunar una muñeca Barbie). A éste se opone el mundo de los reyes y su séquito, con referencias a una teatralidad de las corporaciones multinacionales: el rey, como un hombre de negocios presidiendo una reunión de empresarios y la reina, su fría y oportunista compañera.

Sin embargo, en cada escena de partida del reino de los jóvenes estudiantes hacia el extranjero, los poderosos se valen como método de seducción a los viajeros, de artefactos estereotipados de la cultura popular que remiten a un fuerte regionalismo colombiano y a un nivel de cultura infantilizado (enmarcando estas escenas, el elenco recurre tanto a canciones populares como a rondas infantiles). Esta asociación de una intertextualidad folklórica a un contexto infantil, puede leerse como una alegoría a la necesidad de acceder a una "madurez internacional" mediante alianzas con la clase dirigente.

El tono farsesco producido por la suma de recursos desopilantes (el

---

interesante notar cómo al finalizar cada acto, el público adulto iba desalojando la pequeña sala, y para el final, quedaron solamente espectadores jóvenes, ávidos de presenciar los recursos escenográficos delirantes de la puesta.

tubo del que se vale el fantasma del rey muerto para generar una voz de ultratumba, el casco que luce Claudio en su cabeza para sugerir el poder, la escena de los actores representada como teatro de títeres de fuerte erotismo y sexualidad gráfica) crea un efecto de desfamiliarización del texto clásico con una clara intencionalidad desconstructiva de su tono trágico. De este modo, esta inusual versión del *Hamlet* resulta una obra parricida, adolescente, violenta, en tanto se propone destronar la ley del Padre, no solamente a nivel de la anécdota, sino como subversión a la Autor-idad del texto de Shakespeare.

Este bricolage kitsch, este pastiche de elementos reciclados tan del gusto de los cuartos de adolescentes, resulta de algún modo emblemático de una cultura postmoderna, globalizada, en la que se dan cita los más dispares elementos en una aparente contigüidad. Lo regional y lo internacional, sin embargo, no se sincretizan en esta obra —como es común en la mestiza cultura latinoamericana— sino que conservan un conflicto de poder que los dicotomiza, ilustrado con gran eficacia en el texto espectacular de este *Hamlet* colombiano.

El caso de *Crápula Mácula* es diferente, aunque nos obliga a reflexionar acerca de cuestiones similares. Esta obra presentada por el grupo Barco Ebrio, de Cali, dirigido por Hoover Delgado, recorrió festivales de teatro con el respaldo de la crítica tanto nacional como internacional. Los jóvenes integrantes del grupo, formados en el Teatro Experimental de Cali, del que se alejan debido a diferencias ideológicas con las propuestas de Buenaventura,[5] exploran un nuevo modo de hacer teatro, con el énfasis puesto más en el proceso de investigación, que en el producto final. La obra presentada en este festival es el resultado de dos versiones previas en este trabajo de exploración:

> Construida sobre la simplicidad del decorado y el tema del retorno de los muertos, propios del teatro Nô, y articulada como un relato policial, en un contexto actual de procesos y des-aparecidos, *Crápula Mácula* es una indagación sobre la re-

---

[5] Durante la entrevista con el director, nos confió que su crítica al Nuevo Teatro colombiano está basada en el énfasis que pone el TEC en lo político, y la ambigüedad de su relación con el poder, ya que, para producir un teatro contestatario, se vale de subvenciones estatales. La necesidad del grupo, entonces, es trascender este tipo de propuestas.

latividad de la verdad y asalto a mano armada a los santos lugares de la tradición. (*XI Festival* 36)

Elaborada sobre el texto del autor japonés Riunosuke Akutagawa, "En un bosquecillo," esta pieza resulta, a quien fracase en encontrar su referente en la realidad colombiana actual, una obra exótica, orientalista. El público colombiano, sin embargo —según relata el director— no tuvo problemas en relacionar el conflicto del drama con la terrible situación política que vive Colombia hoy en día. En esta obra abierta, sin resolución, el referente histórico son las distintas versiones acerca de los "desaparecidos" que dan las autoridades colombianas. Esta oblicuidad del mensaje promueve una libertad en la recepción de la obra, que la abre a distintos tipos de públicos.

"No queremos hacer antropología teatral, queremos apropiarnos de los elementos del Nô," aseguró el director entrevistado refiriéndose a las influencias orientales de la obra. Como el grupo se había mostrado interesado en esta tradición de teatro japonés (la vertiente hierática, solemne, tradicional, en contraste con la festiva, circense, que propone el Kabuki), se abocaron a investigarlo. A esta pesquisa le agregan el entrenamiento corporal con técnicas del Bhuto de contención de energía, el tai chi, y el yoga. De este trabajo surgió la propuesta escénica de tablado pequeño, con un solo decorado y un solo actor en escena, de actuación frontal y gesto reducido, con un solo elemento de utilería para enfatizar la acción, y dos actores principales (un narrador y uno que representa a los personajes).

El interés del grupo en las culturas orientales resulta, según el director, en el rescate de una tradición ancestral (que se remontaría a las primeras migraciones asiáticas hacia este continente), para los habitantes de culturas andinas.[6] Hoover mencionó además otro motivo histórico, relacionado con su vida personal: su ciudad natal, Palmira, ubicada en el Valle del Cauca, que ofrece similitudes geográficas con Japón, recibió una gran inmigración japonesa, y por ende una vasta influencia cultural

---

[6] Hablando con la artista plástica colombiana María Teresa Hincapié en el marco del festival de performance latinoamericano "Corpus Delicti" auspiciado por el Intitute of Contemporary Art en Londres en noviembre pasado, me corroboró estas inquietudes del grupo Barco Ebrio, y aseguró que había una marcada tendencia entre artistas andinos de investigación de este tipo de influencias.

de este origen. De este modo, el grupo se dedica a investigar elementos comunes de las dos culturas, por ejemplo, las semejanzas entre la música japonesa y la andina. Descubrieron en este doble registro, el caso de unas lavanderas colombianas que cantan tonadillas con falsetes que suenan como el japonés. Por este motivo, decidieron trabajar teatralmente la verbalidad, los registros vocales que se acercan al japonés, e investigar su música. Los acordes ejecutados en escena, suenan de este modo familiares, pero al mismo tiempo extraños, de difícil clasificación.

Esta reconstrucción del Nô resulta así una transculturación de influencias japonesas con atención a elementos típicamente colombianos. Teniendo en cuenta estas características, *Crápula Mácula*, criticada a veces por su exotismo, debe ser vista, de acuerdo a su director, como una obra mestiza de cuestionamiento a la verdad oficial, una alegoría de la complicidad de todos los sectores sociales en la situación corrupta por la que atraviesa Colombia. Esta crítica oblicua a la criminalidad no cae en el facilismo de denuncias más directas. Además, su propuesta estética de despliegue corporal de los actores, quienes con sus acrobacias, máscaras, machiettas y tonos farsesco o grotesco, sumado a la danza y música de sugerencias japonesas, crean un mundo teatral de gran atractivo visual, está hablando de un interés en la experimentación vanguardista, dirigida hacia un público especializado, capaz de gozar de este tipo de propuestas.

En conclusión, considerando en estas tres obras analizadas, su necesidad de volver a textos clásicos "universales, "de presentar un acuciante problema político social como el colombiano, alegorizado en una puesta muy "oriental" de tono solemne, y a veces hasta trágico, en *Crápula Mácula* y otro anárquico, que puede ser interpretado como "vendepatria "en *Hamlet*, surgen convicciones de que este tipo de teatro no está interesado en consolidar identidades culturales con proyectos políticos de liberación. Está claro que las obras vistas no se adhieren a las grandes narrativas de la década del 70 de emancipación de poderes imperialistas y de construcción de identidades colectivas.

Se podría interpretar el "orientalismo" o el universalismo de estas propuestas como una vuelta en este fin de siglo a los objetivos del modernismo de Darío del siglo pasado, de imperiosa necesidad por trascender las "trabas" de un provincialismo reaccionario y acceder finalmente a un "internacionalismo" que dé a estas culturas la legitimidad que provee la experiencia de sentirse (post)modernas. Sin embargo, si consideramos las estrategias y estéticas elegidas, la hibridización con modelos foráneos y el distanciamiento de su referente histórico/social, estos recursos las hacen menos posibles de ser estereotipadas y exotizadas por un mercado ávido en consumir productos "multiculturales" de fuerte sabor alternativo debido a su raigambre en lo regional.

Volviendo a la apreciación inicial de Coco Fusco, no creo que estas obras puedan ser tan fácilmente identificables de acuerdo a su "otredad," como sucedía con aquellas muestras aborígenes presentadas para públicos centrales durante la historia de la colonización de regiones no occidentales. Estas piezas son más bien la respuesta artística desde los márgenes de interés en sumarse a la retórica de la obsoletización de las dicotomías centro-periferia que manifiesta la globalización cultural del mundo.

Valdría la pena, entonces, reflexionar acerca de la posicionalidad del discurso crítico desde la academia estadounidense (donde las estrategias de resistencia a la cultura hegemónica se hacen de una manera mucho más frontal) para comprender nuestras reticencias ante obras que no nos convocan ideológicamente, como lo harían otras basadas en políticas identitarias. Como se observó, estamos frente a producciones latinoamericanas desinteresadas en contribuir a la construcción de una identidad cultural en aras de una eventual descolonización. Quizás resulte novedoso el interés de descubrir elementos atávicos —la presencia asiático/japonesa en culturas andinas— y el total rechazo a emitir mensajes directos de denuncias a determinadas situaciones políticas. ¿Debemos interpretar esto como una falla? ¿O quizás estos artistas nos estén mostrando otra manera de concebir nuestras culturas?

Escena de *Hamlet*

Bibliografía

Barba, Eugenio. "El espacio paradójico del teatro en las sociedades multiculturales. Trad. Rina Skeel. *"XI Festival Iberoamericano del teatro de Cádiz.* Cádiz: FIT, 1996 17-18.

ECRIT (Espacios Críticos de Reflexión e Investigación Teatral). "Por qué ECRIT: sus objetivos" (mimeo).

Epstein, Susana. "Open Doors for the International Theatre School of Latin America and the Caribbean. *"The Drama Review* 34.3 (Fall 1990): 162-175.

Fusco, Coco. "The Other History of Intercultural Performance. *"The Drama Review* 38.1 (Spring 1994): 143-167.

Luzuriaga, Gerardo. *Introducción a las teorías latinoamericanas del teatro.* Puebla: Universidad Autónoma, 1990.

Nowicki, Pawel. "Análisis e interpretación del texto dramático." *Gestos* (Agosto 1995): 9-15.

XI Festival Iberoamericano del teatro de Cádiz. Cádiz, FIT, 1996.

La hibridización cultural: ¿Desaparición del teatro político-social latinoamericano?

Lola Proaño-Gómez

Pasadena City College

...the myth of the incompatibility between political orientation and aesthetic quality has been destroyed. (Sastre 9)

En Latinoamérica el desarrrollo del teatro ha estado casi siempre atado a la consideración de las desigualdades sociales, económicas y políticas, características que inevitablemente llevan a la aparición de la violencia en todos los niveles de vida.[1] Sin desconocer el problema de la representatividad de los grupos de teatro que van en nombre de sus respectivos países a festivales internacionales de teatro, voy a tratar de responder a la pregunta por la presencia del teatro social político latinoamericano en el Festival de Cádiz 1996. Voy a centrarme fundamentalmente en tres espectáculos: *La amistad castigada* de Juan Ruiz de Alarcón y Héctor Mendoza, *Crápula Mácula*, y *La siempreviva* de Miguel Torres.

El teatro de los sesenta y setenta buscaba repetir modelos europeos al mismo tiempo que buscaba una praxis histórica liberadora, inspirada en el éxito de la Revolución Cubana. El teatro "político" que se presentó en Cádiz 1996, intenta integrarse dentro del contexto mundial con una actitud que parece ser más libre y no tener los límites trazados por una

---

[1] Como señala Albuquerque en *Violent Acts*, "The heightened sociopolitical consciousness that Latin Americans have enjoyed since the Cuban revolution has inspired a deeper level of commitment among the area's practitioners of every art form. Largely as a result of its closeness with an inmediate impact on its public, the theater has stood at the fore front of the region's liberation efforts. The result has been an explosion of highly eloquent drama overtly indebted to Brecht, Artaud, and the theater of the Absurd but especially remarkable for its vibrant innovations and passionate sincerity. Drawing on the continent's realities, the proponents of such theater have found in violence both an urgent theme and a mode of expression eminently suited to the artistic presentation of their views" (269).

u otra teoría teatral específica; sin embargo esta actitud puede no reflejar necesariamente una libertad producto de la consciencia de su madurez cultural. El uso ecléctico e ilimitado de las más diversas técnicas teatrales de distinto origen, responde también al contexto del "nuevo orden mundial" que aprovecha las facilidades de la comunicación contemporánea —internet, televisión por satélite, facilidad en los viajes, etc— que facilitan la "hibridización de las culturas." Incluye, además, la aceptación de elementos de la cultura popular dentro de las manifestaciones de la "alta cultura,"[2] en su afán más aparente que real de una amplia "democratización." El resultado es que el teatro social y político latinoamericano parece tener más amplitud y libertad de movimiento para incluir no sólo elementos provenientes de diversas praxis teatrales europeas: la comedia del arte, elementos del absurdo y la crueldad, narradores brechtianos, el minimalismo —uso de pequeños muñecos por ejemplo, en *La amistad castigada* para la escena de sexo— e incluso técnicas orientales como en el caso del teatro Nô japonés, además de elementos populares propios de sus regiones. Esta libertad de acción se evidencia en la elección de textos cuyo recorrido nos obliga a desplazarlos espacial y temporalmente: en este caso, un texto japonés de principio de siglo, un español-mexicano del siglo XVII.

Los elementos del teatro del absurdo, del teatro de la crueldad o del teatro épico aparecen en estos espectáculos junto a una preocupación estética que se interesa por un resultado final en el que la música, la danza, el manejo de luces y del espacio y el movimiento corporal escénico tienen tanta importancia como el mensaje mismo. El resultado es que el significado de las obras es mucho más críptico que en el teatro político latinoamericano tradicional.

Se ha señalado que el teatro latinoamericano político más radical cumple con un doble criterio: "the ideological framework for criticizing systems which repress political, religious or individual liberties, ...[and]

---

[2] En los sesenta y setenta, hubo gran cantidad de teatro político que se hacía directamente en las comunidades y un teatro político de agitación/ adoctrinamiento que usaba elementos de la cultura popular. Este teatro no recibió en ese momento el mismo reconocimiento de aquellos que seguían las teorías teatrales europeas de boga entonces. Más información respecto de este punto puede encontrarse en *Popular Theater for Social Change in Latin America* de G. Luzuriaga.

the search for new techniques in order to make theater a more viable experience" (Woodyard 93). Los tres espectáculos mencionados cumplen extensamente dicho criterio. Ellos denuncian y rechazan situaciones que perviven o se agudizan en la época del llamado "nuevo orden mundial." A la vez buscan técnicas diversas, respecto de aquellas adoptadas por el tradicional teatro político y social latinoamericano, para expresar el rechazo o la denuncia de acontecimientos o situaciones históricas específicas que, a la vez, responden a este nuevo contexto histórico. Estas diferencias responden a su compromiso dialéctico con una historia cultural, social y política latinoamericana y mundial, cuya realidad ya no es la misma que hace tres décadas. Ha variado el tono más que la propuesta explícita de resistencia mediante la violencia como instrumento central de protesta, a la manera del teatro político de los setentas. Hay una denuncia dolorida ante la inmoralidad y la represión solapada —económica, social y política— que se esconde bajo la apariencia de "normalidad" y de "justicia." De ellos se sigue la ambigüedad, el desconcierto, o la locura. En *La siempreviva* y *Crápula Mácula* se denuncia, aunque mucho menos enfáticamente que en el teatro que va de los sesenta a los ochenta, la tortura y la represión física, materia central en el teatro político latinoamericano de estas décadas anteriores.

En el momento en que las fronteras entre naciones y culturas se diluyen, el grupo el Barco Ebrio de Colombia echa mano de una espectacularidad y un texto japonés para referirse a un rasgo que según sus actores, pertenece largamente a la sociedad/política colombiana del momento; la Compañía Nacional de Teatro de México, recurre a un texto del siglo XVII de Juan Ruiz de Alarcón y mediante sutiles cambios hechos por Héctor Mendoza apunta tangencialmente al México contemporáneo. Por último, el grupo de Teatro El Local de Colombia, se centra en un suceso de la reciente historia colombiana, la toma del Palacio de Justicia, pero en lugar de desplegar el hecho mismo en la escena, muestra su impacto en la vida diaria de los colombianos.

La siempreviva, escrita y dirigida por Miguel Torres, revive el drama vivido por los colombianos, el 6 y 7 de noviembre de 1985, con la toma del Palacio de Justicia de Bogotá por el grupo guerrillero M-19. Según Torres su "...interés en tomar este tema, es la necesidad de recordarle al país lo que representó este suceso, [evitar] que Colombia se convirtiera en el imperio de la impunidad."

La tragedia ocurrida en la toma del Palacio, transforma la vida de los habitantes del inquilinato donde vive la dueña de la pensión y madre de Julieta. Esta se emplea por unos días en la cafetería del Palacio de Justicia. Cuando después de la toma del Palacio se cuentan los cadáveres, faltan cuatro hombres y siete mujeres que se hallaban en el interior del Palacio. Una de las mujeres desaparecidas es Julieta, la "siempreviva."

Escapando al panfleto político, la escena despliega sólo indirectamente el acontecimiento ocurrido. La experiencia de los habitantes del inquilinato, refleja fielmente la vida y los problemas de los espectadores, muchos de los cuales —si no todos— vivieron la toma del Palacio. La conexión del espectáculo con el mundo extra-teatral, es crucial para explicar el éxito de *La siempreviva*. Los espectadores decodifican la significación del espectáculo respecto de su vida, sus valores fundamentales y la historia de los colombianos, hecho que explica la efectividad de la "transacción ideológica" (Kershaw 16).

En la puesta original, en el barrio de La Candelaria, la ubicación de todos en un mismo espacio sin ninguna convención dramática que los separe coloca a los espectadores en el centro mismo de la acción y los obliga a participar activamente en esta especie de rito recordatorio. Esta puesta se hizo en el patio de una vieja casa colonial del barrio de La Candelaria, recientemente adquirida por el grupo El Local. La escenografía estaba constituída por el patio con sus árboles, sus columnas, sus flores, su lavadero, etc. El público ubicado detrás de las ventanas o de las columnas compartía el espacio con los actores e irremediablemente se veía envuelto en la acción. Desgraciadamente este aspecto, si no esencial, pero sí muy importante para el efecto dramático de *La siempreviva*, no pudo ser apreciado en Cádiz donde la obra se puso en el clásico, enorme y tradicional Teatro Falla.

Las transmisiones originales de radio que traen a la casona el mundo externo y recuerdan a su público la reciente historia de Colombia, refuerzan esta escena hiperrealista y funcionan como "convenciones autenticadoras" (Elizabeth Burns), asegurándole al espectador que lo que está sobre el escenario es "su mundo," es la realidad de la que cada uno de ellos forma parte. En la segunda parte, después de la toma del Palacio de Justicia, el tono dramático se centra en la lucha interior y en la penetración sicológica para desplegar en la escena cómo estas personas con existencia y valores similares a los del público, se ven afectadas por este acontecimiento nacional. Acerca de este modo, el horror de la desaparición de personas, al cerco de posibilidades que rodea la acción humana de sus espectadores. A pesar de todos los intentos de su madre y los vecinos, de hacer averiguaciones y protestas, *La siempreviva* regresa a la escena solamente como un fantasma que vuelve para confirmar su muerte y la de todos los desaparecidos, significado al que apunta metafóricamente la sangre que chorrea de su pelo, y que refiere metonímicamente a la muerte de todos los desaparecidos: "El conflicto que en un comienzo parecía reducirse al ámbito de un pequeño número de personas se convierte en la metonimia del drama de una nación" (Celcit 5, 33).

Crápula Mácula del grupo colombiano El Barco Ebrio y dirigida por Hoover Delgado, narra desde tres perspectivas distintas, una violación y un asesinato. Puesto que no hay manera de establecer cuál es la versión verdadera, el crimen o queda en el anonimato y por ello, en la impunidad o se castiga al único sospechoso al que la policía ha alcanzado, no sin que éste antes denuncie la calidad asesina del poder institucional que lo acusa:

> ¿Soy el único que maté en el mundo? Ustedes no usan espadas, todo lo contrario, matan con el poder, con el dinero, a veces matan a la gente con el pretexto de hacerle un favor. Es verdad que no derraman sangre, es verdad que la gente conserva su buena salud, aunque después de todo, la hayan matado. No es fácil decidir quién de nosotros es más ruin.[3]

En *Crápula Mácula*, los elementos del teatro de cámara y los del teatro Nô,[4] esconden lo que parece ser según declaraciones de los

---

[3] Todos los parlamentos de *Crápula Mácula* están tomados de la filmación del espectáculo que se presentó en Cádiz.

[4] Como en el teatro Nô, se han adaptado las máscaras o el maquillaje tipo máscara, que fija la expresión de la cara y requiere entonces que la expresividad del actor se exteriorice mediante los movimientos de la cabeza, los brazos y el cuerpo. El tono del habla imita el típico ritmo de la elocución del teatro Nô, con un patrón de entonaciones que se repite en todo el espectáculo, el caminar de los actores, que al hacerlo apoyan toda la planta del pie y sus movimientos sumamente lentos pero al mismo tiempo fuertemente expresivos, al igual que el

propios actores, el disparador de la elección de este cuento por un grupo de origen colombiano, cuya versión teatral es, según el grupo, "...un seismo (sic) de nueve grados bajo los cimientos de la verdad oficial..." (Cádiz 36). El teatro Nô y sus principios fundamentales sirven perfectamente a este propósito,

> Zeami and scholars since his days pose two polar concepts as fundamental to Noh: *monomane* and *yugen*. The first, translated "imitation", "truth", or "realism "(but not of the nineteenth-century variety), attempts to grasp the exterior resemblance; the second, *yugen*, or "what lies beneath the surface, "attempts to soften, to stylize, and to find some hidden essence. Influences from the *monomane* and from the *yugen* concepts correct each other, and should achieve a dynamic balance. (Pronko 84)

Crápula Mácula se conecta con la realidad colombiana, no a nivel de gestualidad, espectacularidad o lenguaje, sino mediante la tesis que presenta Akutagawa en el cuento mencionado y que se refiere a la imposibilidad del alcance de la verdad.[5] Si bien esta tesis parece ser mucho más filosófica que política, al ser contextualizada en el caso colombiano, adquiere connotaciones políticas muy específicas, que la alejan de una posición agnóstica filosófica y la acercan a una afirmación acerca de la distorsión de los hechos por los distintos sectores sociales involucrados en la política nacional colombiana.

---

escenario vacío y la casi ninguna utilería —cañas de bambú y una silla— son rasgos que acercan este espectáculo a las técnicas del teatro japonés.

[5] En este cuento hay un cadáver —el del esposo— y una desaparecida —la esposa o novia. Típico también del teatro Nô, los muertos vuelven para contar sus últimos sucesos. Vuelve además la novia, de quien no sabemos en realidad si está viva o muerta. Según declara, ha matado a su esposo pero no ha sido capaz de suicidarse, por lo cual huye y vive deshonrada y despreciada. El bandido mientras tanto afirma haber triunfado en el duelo, resultado del cual el esposo ha muerto. Respecto de la novia, el bandido dice no saber nada. Ella, según él, desapareció mientras los dos hombres luchaban. Por último, el muerto que cierra el espectáculo y que regresa a contarnos los sucesos, afirma que su mujer huyó y que el bandido lo dejó libre, pero que él se suicidó.

Las distintas versiones sobre un mismo suceso y la imposibilidad de establecer la verdad, señala según ellos, el enredo y la corrupción de la política institucional y gubernamental colombiana, la que, junto con el problema de las drogas y la guerrilla, lleva a una confusión tal, que hace del todo imposible el intento de dilucidar la verdad de los hechos.

Aquí no hay sonidos de tiroteos, ni reportes periodísticos. Mucho más claramente que en *La siempreviva* la violencia se presenta sólo indirectamente, a través del lenguaje verbal en las diferentes versiones del crimen y mediante los movimientos escénicos propios del Nô. Pero al igual que en *La siempreviva*, los puntos fundamentales de la denuncia son la violencia, la mentira, la impunidad en la Colombia de hoy; las dos obras denuncian los métodos que usan el ejército y la policía en la investigación criminal.

La implementación teatral de la violencia presentada sólo verbalmente y escenificada con la belleza escultórica y pictórica del Nô, es tanto o más eficaz que aquella explícitamente presente en la escena: "The dance which the actor performs shows, on the face of it, nothing suggestive of roughness or violence, but the actor is called on to act in such a way that an impression of exuberant but hidden strength is left with the audience" (Toki 8). La sugerencia de atrocidades físicas es en *Crápula Mácula*, un vehículo artístico poderoso de representación y crítica de la violencia. Veamos cómo el campesino narra el hallazgo del cadáver:

> El cadáver yacía boca arriba, llevaba un kimono azul claro y una cofia estilo Kioto muy arrugada. La hoja de la espada le había traspasado el pecho...alrededor las flores salpicadas de sangre, SANGRE, SANGRE, SANGRE (*se chupa los dedos como si se tratara de una golosina*). La sangre ya no corría, la herida estaba seca y había un moscardón prendido a la herida que apenas me sintió llegar....

El cambio de título del cuento original, "En el bosquecillo," por el de *Crápula Mácula*, combina en una sola unidad la descripción exhaustiva de lo que critica —borrachera o libertinaje con la suciedad o las zonas oscuras. Pero a diferencia de *La siempreviva*, parece señalar la igual participación de todos los sectores sociales en la realidad que critica, no establece culpas, ni señala culpables, apunta hacia una corrupción

general de la que parece no estar libre nadie. El parlamento del muerto
con que se abre el espectáculo confirma esta tesis:

> No conviene despertar a los muertos y escarbar en sus miserias....
> En las muchas versiones que se vertieron sobre mi muerte, la
> verdad y la mentira se confundieron como los colores sangrientos
> del crepúsculo. Ninguno de los guerrilleros que dio testimonio
> está limpio de mácula ni sus apetitos exentos de crápula.

A pesar de que el espectáculo no incluye nombres ni datos precisos
sobre la situación que trata de criticar, *Crápula Mácula* es capaz de
producir una respuesta colectiva que se asienta en una lectura compartida
o común, "the spectator must become a part so that he may create what
is merely suggested by the actor" (Pronko 86). Esto debido a que la tesis
está estrechamente relacionada con el intertexto del transcurso diario de
la política del país, hecho que ayuda a la creación de significados por
parte del público y a la producción de un significado político específico
en el contexto colombiano. Tal como los integrantes de El Barco Ebrio
declararon, el público colombiano entiende perfectamente la referencia
oblicua de la obra.

La amistad castigada es, como en *Crápula Mácula*, un buen ejemplo
de lo que Kershaw llama la "relatividad ideológica" de un espectáculo,
relatividad que está dada en función de la variación potencial de los
sistemas de valores inscritos en todos los aspectos de su contexto
específico (33). Originalmente la acción de *La amistad castigada* tiene
lugar en Siracusa, 360 años después de Cristo, donde Dionisio, su rey,
es tirano no sólo por ser injusto y buscar sus fines personales sino
porque el origen mismo de su reinado es ilegal.

La escenografía de la puesta de Mendoza, presentada en Cádiz,
coloca el texto en un convento de mercedarios. El vestido, se convierte
según Mendoza, en "el ropaje metáfora de intenciones ocultas bajo los
hábitos que es lo que maneja la obra" (Foros, Cádiz). La fuerza del signo
teatral radica en la distancia que separa el signo —monjes— del
significado que alcanza en la teatralidad de la escena: el ocultamiento de
sus conspiraciones y las mentiras necesarias para cubrirlas. A ello se
añade el significado que el hábito como signo tiene en la tradición
católica latinoamericana y que, en este caso, sirve sólo de máscara de
perfección para tapar acciones corruptas. El aparente conflicto de los

signos teatrales que apuntan a monjes de otra época y una ocupación de carácter muy distinto al chismorreo y la lucha política, disparan la reacción, a veces la risa, del público que reconoce la alusión que se esconde tras los hábitos. La uniformidad del vestido es un signo efectivo para remarcar la cualidad común que a todos ellos les junta: la búsqueda de su propio interés.

Héctor Mendoza, al igual que Ruiz de Alarcón, viste el disfraz histórico, sitúa la acción y la crítica política en tiempos y lugares remotos respecto de los propios. Se quita el disfraz cuando en el texto irrumpe con violentos anacronismos que sitúan a la puesta en el espacio del México contemporáneo y que apuntan deícticamente a la violencia y la corrupción política. Este es el caso de la escena de los monjes empuñando sendas pistolas que amenazan al Rey. Lo inesperado y aparentemente imposible de la escena causa la risa del público: ¡son justamente los pacíficos monjes los que ahora empuñan pistolas y lo hacen para defender sus particulares intereses!

La fuerza de la propuesta de Mendoza radica en las variaciones que introduce en la historia para presentar una propuesta personal. La menor exactitud histórica enfatiza lo que en este momento es para Mendoza de mayor importancia: referirse a la realidad de la política mexicana en el presente. Al mismo tiempo induce al público a sentir una continuidad espacial y temporal: no sólo entre la España del siglo XVII y México, sino también entre México antes y después de Salinas de Gortari o incluso quizá, entre el México de antes y después de la revolución. Tal continuidad se acentúa con el *leitmotiv* de la puesta en escena: los monjes, con exactas, inmaculadas y níveas vestiduras monacales, repetidamente, dan vueltas y se sientan alrededor de una misma mesa— ¿la nación mexicana?— al compás de una misma música. El movimiento giratorio y monótono de todo el grupo al unísono, crea la sensación y la idea de una realidad que se repite al infinito[6] y parece hablarnos de la permanencia de una situación de impunidad e inmoralidad política. Mendoza manipulando la historia y el texto original, rechaza el autoritarismo, la impunidad y la inmoralidad y manifiesta la creencia de

---

[6] En esto la puesta de Mendoza parece darle la razón a Kowzan cuando afirma que "...the movement of groups [onstage]...can create specific signs other than the sum of the signs provided by the individual movements (citado en Albuquerque 94).

que todo está contaminado, pues cambiar de gobernantes, afirma, no significa realmente ningún cambio.[7]

Se acentúa como en el caso de *Crápula Mácula* la invalidez del logos; la palabra ya no tiene la función de revelar una realidad sino de esconderla, significado que remite irremediablemente a la escandalosa corrupción mexicana del momento.

A pesar de la declaración de Mendoza de que "[l]a Compañía Nacional de teatro de México tiene como interés fundamental en esta etapa de su existencia, realizar una amplia revisión de la tradición teatral de su país...y se ha dedicado al montaje de clásico del teatro universal..."(*IX Festival* 82), los signos teatrales del espectáculo analizado parecen indicar que tal interés más que asépticamente cultural, clásico y universal, es mexicano y político. La puesta parece buscar que el público reconozca otro sentido moral que no tiene que ver ni con Ruiz de Alarcón ni con su época. Esta contradicción aparece en el mismo discurso de Mendoza cuando en Cádiz afirmó, al responder a preguntas durante el Foro, que la obra "cayó en un momento político muy específico de México, habla sobre intrigas, monjes intrigantes y tiene semejanza con el momento en que vivimos en nuestro país," lo que le ha merecido el calificativo de la crítica mexicana como el espectáculo más contemporáneo del México del momento.

Las técnicas usadas en las tres obras analizadas son bastante diferentes a las del teatro político latinoamericano de décadas anteriores. *La siempreviva* por ejemplo, un texto con un tema que posiblemente hubiera sido enmarcado de forma brechtiana, busca en este momento no el distanciamiento racionalizador sino el acercamiento simpatético y emocional de los espectadores a la obra. Estos sienten cómo acontecimientos violentos pueden golpearlos y desarticular su vida. Los

---

[7] Parece también que esta uniformación del vestido y de movimientos en la escena responde a la necesidad de disminuir la posibilidad de cualquier lectura que pretenda dar especial atención al hecho de que el "mal" que todos pretenden realizar tiene que ver con el deseo por la "posesión "de una mujer a quien el rey pretende violar. No interesa el problema del género para los fines de Mendoza, interesa que todo el acento esté puesto en la corrupción política con el fin de alcanzar fines personales que, en el caso de *La amistad castigada*, son el alcance de una mujer y en el de México, el alcance del poder y del enriquecimiento ilícito. Aunque por otra parte, sería posible proponer tal vez que la mujer a la que todos desean podría ser, en términos simbólicos, la nación mexicana.

espectadores ven en el escenario cómo ellos también se verían maniatados en esas circunstancias, sin poder ejercitar ningún derecho ni protesta que les diera respuesta o resultado positivo alguno, ni siquiera la devolución de los despojos de sus familiares.

Para lograr este acercamiento Torres ha usado una escenografía hiperrealista, mímesis de la vida ordinaria del colombiano, reforzada con lo que hemos llamado, siguiendo a Elizabeth Burns, "convenciones autenticadoras." No hay en esta obra llamado alguno a una reacción ni tampoco a la razón, más bien parece que apunta al temor de que un hecho de esta naturaleza se repita y que sea a alguno de ellos al que le toque vivirlo. El efecto que dicho espectáculo busca parece ser la movilización por medio del miedo y la conscientización del horror de lo ocurrido, con la esperanza de que la preservación de la memoria colectiva evite que hechos como el narrado vuelvan a suceder.

En *Crápula Mácula* y en *La amistad castigada* la conexión con la realidad política es mucho más sutil. Las dos obras han tomado temas aparentemente desconectados de sus respectivas realidades políticas e históricas para, mediante alusiones, simbolismos y desplazamientos de significado, exhibir y criticar una realidad que consideran negativa. Como en *La siempreviva* no hay soluciones, ni llamado a la acción y como en ella también, la finalidad parece ser la de despertar una conciencia política y social de rechazo a la corrupción y la impunidad que se esconde bajo la máscara de democracias de carácter dudoso.

No es posible unificar exactamente todos estos espectáculos bajo una sola descripción; pero, al menos, creemos que es posible afirmar que la llamada "muerte de las ideologías," de los "nacionalismos" y la correspondiente "hibridización cultural" no han logrado hacer desaparecer del teatro latinoamericano su carácter socio-político, claramente nacional.

74 *Del escenario a la mesa de la crítica*

Bibliografía

Albuquerque, Severino João. *Violent Acts. A Study in Contemporary Latin American Theater*. Michigan: Wayne State University Press, 1991.

Halpern, Cynthia Leone. *The Political Theater of Early Seventeenth-Century, Spain*. New York: Peter Lang Publishing Inc., 1993.

Kershaw, Baz. *The Politics of Performance. Radical Theater as Cultural Intervention*. New York: Routledge, 1992.

Kowzan, Tadeusz. "The Sign in the Theater", trad. Simon Pleasance. *Diógenes* (1968): 61:52-80.

Luzuriaga, Gerardo, ed. *Popular Theater for Social Change in Latin America*. Los Angeles: UCLA Latin American Center Publications, 1978.

Pronko, Leonard Cabell. *Theater East and West*. Berkeley and Los Angeles: University of California Press, 1967.

Sastre, Alfonso, et al. "Alentador despegue de la actual dramaturgia latinoamericana." *Conjunto* 13:5-9.

Toki, Zemmaro D. *Japanese No Plays*. Tokyo: Toppan Printing Co. 1954.

Woodyard, George W. "Toward a Radical Theater in Spanish America." Ed. Harvey L.Johnson and Phillip B. Taylor. *Contemporary Latin American Literature*. Houston: Latin American Studies Committee, University of Houston, 1973.

XI Festival Iberoamericano de Teatro de Cádiz. Cádiz, España: 1996.

El uso de la danza como elemento expresivo en tres obras teatrales[1]

Nancy Lee Chalfa Ruyter
University of California, Irvine

Mientras que sólo dos de las dieciocho producciones en elFestival Iberoamericano de Teatro Cádiz 1996 se consideraron "danza," muchos de los espectáculos incorporaron la danza o componentes de danza en la totalidad de su expresión artística. A la vez, las obras fueron interpretadas por actores entrenados tanto en técnicas específicas de la danza como en movimientos tradicionales para actores. Estas obras mantuvieron como componentes principales un sofisticado vocabulario corporal expresado en el movimiento y la danza, y un tratamiento coreográfico de los cuerpos en el espacio y el tiempo. Hicieron uso, además, de utilería y otros elementos escénicos para extender el cuerpo dentro del espacio para así incrementar su potencial expresivo.

Producciones como las que a continuación se discutirán representan una modalidad aceptada en el teatro del siglo XX: un cambio de lo tradicional que privilegia el texto por el esfuerzo en enfatizar lo físico tanto como lo textual. Ana Sánchez-Colberg, especialista en el *tanztheater* alemán en el Laban Centre de Londres, escribe sobre este fenómeno que ha sido llamado "teatro físico" por lo menos durante los últimos quince años. Sánchez-Colberg nota que este tipo de teatro tiene una "double legacy in both avant-garde theatre and dance," y que dentro de la obra "the emphasis changes from a dramatic text (i.e. script) to a 'score of performances,' more prompt book than dramatic literature" (40-42). Dada su orientación experimental, dicho trabajo no se aleja del uso de motivos de la expresión no verbal mediante el movimiento, y de técnicas provenientes de cualquier cultura o formas de actuación del mundo. El guión de acciones físicas o la coreografía pueden especificar movimientos precisos, diseños espaciales, ritmo y fluidez dinámica —tal

---

[1] Traducción del inglés de Saúl Jiménez-Sandoval.

como se encuentran en los géneros de danza, por ejemplo, en el ballet o el Bharatanatyam indio. A la vez, el guión puede dar instrucciones generales, en las cuales el actor puede construir una gama de expresión al utilizar su propia creatividad y técnica, para llegar a una forma coreográfica final. Las obras presentadas en FIT incluyen ambos métodos.

Mi trabajo se enfocará en lo que considero aspectos ejemplares del guión de las acciones físicas o el diseño coreográfico de tres de las obras presentadas: *El desquite, Crápula Mácula* y *La bella Remedios*. Las dos primeras, además de los elementos de danza, tienen texto verbal, mientras que la última es solamente danza.

Estas tres obras comparten ciertas características. En cada una, tanto la caracterización de personaje como la estructura narrativa son elementos fundamentales. Las tres fueron concebidas e interpretadas mediante una elaborada dimensión física muy aparte de los estilos del realismo o del naturalismo y el guión de movimientos fue construido cuidadosamente e interpretado con alta destreza técnica. Todas utilizaron partituras musicales, y en las dos que utilizaron el texto hablado, el rasgo característico fue el uso de una voz exagerada y desnaturalizada. Los componentes auditivos fueron elementos integrales en la concepción totalizante de cada pieza. A pesar de compartir características tan generales, cada obra se destacó en su apropiación particular de elementos no-verbales y de los aspectos de expresión física.

Un componente básico de cualquier presentación teatral es el contexto espacial específico, el que incluye tanto la naturaleza del edificio o el espacio al aire libre donde la obra se ha montado, como la forma en que ese espacio ha sido configurado por el diseñador del escenario. Es importante, además, considerar el lugar donde está ubicado el público en relación a la representación. El análisis de cada obra incluirá, por lo tanto, una descripción del espacio escénico utilizado y creado para la obra. Luego se analizará un aspecto particular del guión de las acciones físicas de cada una de ellas: en *El desquite*, el papel del movimiento en la delineación del carácter y el desarrollo de la trama; en *Crápula Mácula*, el uso de utilería para extender el cuerpo e ilustrar la acción; y en *La bella Remedios*, la función de los elementos escénicos como metáfora y diseño.

El desquite fue presentada en un gimnasio en Cádiz, el Pabellón Polideportivo San Felipe Neri, y se diseñó una escena precisamente para dicho espacio grande y rectangular. El "escenario," ancho y poco profundo, fue dispuesto a lo largo de una de las paredes largas, elevado sólo algunas pulgadas del piso. La ubicación del público comenzaba al nivel del piso y se elevaba hasta las galerías del gimnasio que estaba dividido al medio por una plataforma, donde se colocaban los músicos. El público, por lo tanto, estaba cerca de la acción y de la música. La escena incorpora diez áreas de actuación, dos de los cuales se encontraban arriba del nivel del escenario, y a los cuales se podía llegar mediante las escaleras. La decoración daba la impresión de una casa que había sido desmantelada, cuyas partes habían sido alineadas paralelamente contra la pared. Predominaban los colores con tono marrón, y había riqueza de detalles: muebles, guitarras, botellas de licor, cortinas, enseres de casa, etc. Todos los detalles sugerían una vivienda de estilo tradicional, una hacienda en el campo de algún país de América Latina. A causa de la poca profundidad del espacio escénico, sólo fueron posibles movimientos limitados hacia atrás o hacia adelante. La mayoría del movimiento, por lo tanto, tenía lugar en un sólo sitio, o en desplazamientos laterales.

El comportamiento físico en *El desquite* subrayaba la personalidad de los personajes y delineaba sus relaciones; también hacía posible la continuidad de la trama. Los actores involucrados tanto en actividad física como vocal, a veces extremadamente enérgica, hasta violenta, expresaban en ciertas ocasiones acciones o emociones a través del movimiento; en otras ocasiones, las palabras acompañaban o seguían la expresión física. La relación sexual de Anita y Don Pablo, trama principal de la narración, fue escenificada fundamentalmente a base de movimientos. Y aunque todos los actores exhibieron energía, extensión y precisión técnica en su movimiento, la caracterización física y la acción de Carlota Gimeno, como Anita, y de Willy Semmler, como Don Pablo, fueron particularmente notables.

Gimeno demostró un estado de madurez corporal excelente, puesto que integró el cuerpo de una bailarina entrenada en el arte de un actor. El público pudo apreciar el desarrollo de su personaje, desde una niña tímida y un poco descarada, a una mujer adulta y madre llena de recursos, con un apetito sexual y un humor negro de justicia. Mucho de lo que se sabe de Anita fue revelado a base de sus movimientos: su encogimiento e intentos de escape al ser una huérfana vendida a la enfermiza Lucía; sus gestos y carreras rápidas que lo único que indicaban era el deseo de agradar a Lucía y a Don Pablo; su expresión física de júbilo cuando le dan su primer par de zapatos o cuando don Pedro la lleva de compras después de la muerte de Lucía; su depresión y malestar al ser echada de la casa y vagar por la calle en la lluvia sin un lugar a donde ir; y por fin su seguridad, control y su "venganza" al final de la obra.

El personaje de Semmler no incorporó dichos cambios: a través de la obra, su personaje adulto fue estático: un manipulador, acostumbrado a salirse siempre con la suya en todo y acostumbrado a abusar habitualmente de las mujeres y los que trabajaban para él. Sin embargo, don Pablo tuvo unas pocas escenas "tiernas "cuando él estaba tranquilo y relativamente equilibrado. Por ejemplo cuando está de luto muestra un estado sensiblero respecto de su esposa y expresa amor por Anita. Pablo se mostró descabellado, en constante actividad, tropezándose salvajemente con las cosas, empujando a las personas al piso para después caerse, tambalearse, y, con frecuencia, estar fuera de control. Aun en sus momentos de tranquilidad, demostró desconfiabilidad y una cierta amenaza en su postura y sus acciones abruptas. Semmler expresó la falta de control del personaje con la precisión y el control absoluto de un bailarín capaz de trabajar fuera de su equilibrio natural; aunque con poca técnica dancística en su interpretación.

La relación sexual de Anita y Don Pablo se desarrolló a través de varias fases, cada una alcanzada a base de un repertorio imaginativo, hábilmente actuado, efectivo y afectivo, y con gran detalle físico. Antes de la muerte de Lucía, Anita se caracterizaba por ejecutar sus movimientos y caracterización de forma infantil. Sus cortas y esporádicas interacciones con Don Pablo ocurrieron cuando ella, ávidamente, trataba de hacer algo para él, por ejemplo, ayudarlo a ponerse la chaqueta o cuando él la tomaba, la levantaba y la hacía dar vueltas en el aire o le hacía cosquillas. En esta temprana etapa de la narración, aunque Don Pedro y Anita se tocaban, lo hacían en una forma breve y un tanto juguetona, después de todo, su esposa y su sirvienta-amante estaban presentes. Pero aún así se podía presenciar una calidad ominosa y brutal en su presencia física y sus movimientos. Anita demostraba que le tenía miedo, pero al mismo tiempo se sentía excitada cuando estaba en contacto con él: se encogía, se desdoblaba en risas, se mostraba asustadiza, o simplemente quedaba repentinamente inmóvil. El ritmo en dichos movimientos era irregular, como si estuviera sintiendo emociones sucesivamente conflictivas.

Después de la muerte de Lucía, Don Pablo está consciente de la presencia de Anita y su atención se enfoca más en ella como su compañera sexual. Su intimidad se desarrolla a través de una serie de imágenes bailadas, dinámicas e imaginativas: después de traerle a la alegre niña muchos regalos de un viaje de compras, Don Pablo habla de su amor por ella, e inmediatamente comienza a quitarse la ropa. Ella, avergonzada, se tira al suelo, pataleando, tomándose la barbilla primero con una mano y después con la otra. Luego, se levanta abruptamente, hacia un lado primero y después al otro, mientras que Don Pablo se quita el cinturón. Ella lo mira, ellos hablan, él la abraza y se ríen. De repente la atmósfera se electrifica: ella corre y se quita violentamente los zapatos. Él sonríe y la toma por el vestido y se lo quita. Frenéticamente, todo el escenario cobra vida con la risa y el jugueteo, no sólo de Don Pablo y Anita, sino también en los tres hombres de la hacienda que han entrado y que corren gritando de un lado al otro del escenario. Anita y Don Pedro se quedan con sus prendas íntimas y se persiguen en círculo por el escenario. Atraviesan el escenario, se suben a la cama, se bajan al piso, y regresan al centro del escenario. La intensidad del movimiento y el sonido crea una atmósfera altamente cargada, lograda por los gritos, las risas y la carrera de los cinco personajes. En el centro del escenario Don Pablo, súbitamente, levanta a Anita, da una vuelta, cae al piso, y queda pasivamente con Anita boca abajo sobre él. Esta caída se logra con una técnica moderna perfeccionada.

En lo que sigue, el ritmo cambia completamente: escuchamos a ambos actores hablar sobre sus sentimientos. Las risas roncas y griterío son reemplazadas por el texto verbal que manifiesta el pensamiento y la emoción. El movimiento se transforma adquiriendo ahora un ritmo suave y sostenido. La expresión lograda en términos físicos, nos da sólo una idea limitada de lo que la relación sexual con Anita significa para Don Pablo. Con él acostado boca arriba, resalta especialmente el movimiento de sus brazos que se extienden para tocarla. Nuestra atención se enfoca entonces en la imagen visual de Anita, que está siendo literalmente transportada por el aire. Al inicio de esta secuencia Anita todavía yace sobre don Pablo. Los tres hombres (designados como A, B, C en lo que sigue) la levantan sobre sus cabezas y la apoyan a base de un movimiento estático y lento (y técnicamente exigente) para que ella baile arriba de su amante (ver figura 1). Los tres hombres la mueven siguiendo la

FigurA 1

ANITA

A

C

B

PABLO

Linda Davisson

"El desquite"
Linda Davisson

FIGURA 2

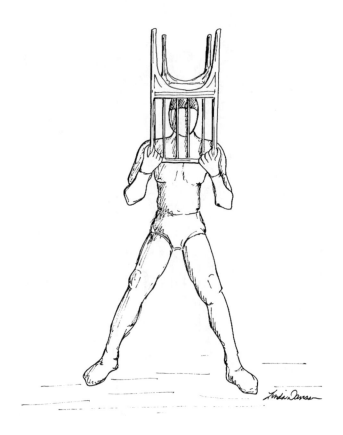

"Crapula Macula"
Hindos Davisson

FiGuRg 3

"Crapula Macula"
Linda Levisson

FIGURA 4

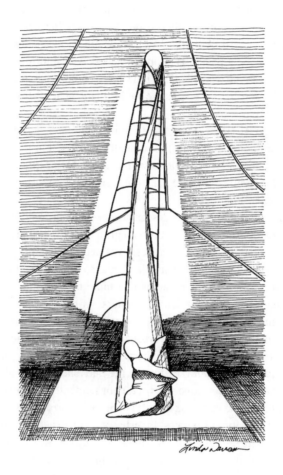

"La Bella Remedios"
Linda Davisson

siguiente secuencia:

1) la levantan muy alto para que ella se enfrente así a los espectadores, las piernas y los brazos extendidos y alargados en el espacio;

2) la transfieren a una posición en la que ella está sentada en el hombro de uno de los hombres ubicado a su derecha (A) que pisa al mismo tiempo, sobre el cuerpo de Pablo para llevarla al otro lado y colocarla de perfil. Allí ella extiende los brazos alrededor del torso;

3) luego A la pasa a B sobre el cuerpo de Pablo mientras que ella arquea su espalda desde la posición sobre el hombro de A ejecutando un lento salto acrobático, se para sobre las manos hacia atrás, a las manos y luego al hombro de B;

4) luego A, B, y C la sostienen horizontalmente sobre Pablo donde ella se estira con lánguidos movimientos de natación; y

5) la inclinan hacia abajo hasta que sus brazos estirados alcanzan y tocan los de Pablo. Después la bajan para que ella yazca una vez más sobre el cuerpo de Pablo.

Tan pronto como Anita descansa sobre el cuerpo de Pablo, los tres hombres empiezan otra vez a correr y gritar. Luego de una pausa, repiten la secuencia anterior con Anita, esta vez acompañándola con la música romántica de una guitarra. Cuando el cuadro se ha repetido por segunda vez y ha terminado, los amantes dan una vuelta, Pablo se levanta, se separa en silencio y comienza a ponerse la ropa. Repentinamente, el ritmo cambia otra vez mientras que él empieza a abusar de Anita, tomándola y tirándola al piso bruscamente. Ella, superando la sorpresa inicial, lo trata de igual manera respondiendo con movimientos semejantes; él, borracho, es fácilmente derribado y pateado. Es obvio que la violencia de Anita provoca enormemente el erotismo de Don Pablo, puesto que cada vez que ella le pega, él corre hacia ella y la toma en breves relaciones sexuales. En este contexto, el acto amoroso de Don Pablo consiste en tres o cuatro brutales empujones de su pelvis entre las piernas de Anita, seguidos siempre por un trago de la botella. Cambia otra vez el ritmo que ahora contrasta con los momentos frenéticos anteriores. Anita da a conocer su embarazo a los espectadores en un pasaje sostenido y tranquilo. Toma un almohadón, lo levanta para que todo el público lo pueda ver, a la derecha y a la izquierda, y lentamente lo coloca en el estómago, dentro de sus bragas. Las tres repeticiones de esta acción indican el progreso de su embarazo. Cuando ella le da a conocer su estado a Don Pablo, éste reacciona bruscamente, y se produce otro cambio súbito de energía y ritmo cuando ella es echada de la casa. Cuando finalmente se encuentren otra vez, será bajo circunstancias totalmente diferentes y ella tendrá la ventaja. La secuencia descrita fue una de las más espectaculares en *El desquite* por la representación de una gama sexual extensa, que va de lo cómico a lo sublime (en el caso de Anita) y a lo brutal con imágenes y transiciones reveladoras y claras.

Durante el resto del espectáculo, se pudo apreciar la producción de imágenes construidas con un fuerte movimiento imaginativo. Los movimientos y el accionar físico de los actores comunicó todo tipo de matices que no se hubieran podido expresar, al menos no con tal precisión, solamente mediante las palabras. Sin embargo, el movimiento estuvo íntimamente relacionado con el lenguaje verbal y las variaciones vocales para así crear una textura ricamente matizada. La técnica, la energía y la imaginación de cada actor ejemplificaron una combinación notable de disciplina y libertad.

Las otras dos obras fueron puestas en escena en espacios teatrales más tradicionales. *Crápula Mácula* por el Barco Ebrio se llevó a cabo en un salón grande del Baluarte de la Candelaria, arreglado con un escenario pequeño, levemente elevado al frente del público. Aunque el lugar no es un edificio formal para el teatro, la sala tiene un formato de escenario tradicional. Los actores tenían la posibilidad de moverse hacia el frente y hacia atrás, de forma lateral y en diagonal.

Para realizar esta pieza, el director Hoover Delgado, quien también participa como actor, hizo varias investigaciones y entrenó al grupo en las técnicas del teatro japonés Nô, Kabuki y Butoh, y con los ejercicios chinos T'ai Chi Ch'uan. Estas artes asiáticas tienen características formales y estilísticas y una precisión exacta en cuanto a la colocación, energía, configuración y ritmo de cada movimiento. Aunque estas técnicas fueron obvias en la interpretación física y vocal de los actores y en la coreografía estilizada de la pieza, se pudo también apreciar el uso creativo del movimiento ilimitado de los géneros tradicionales dentro del guión de las acciones físicas de los personajes. En combinación con el movimiento interpretado y del texto verbal, algunos personajes también interpretaron pasajes exclusivamente a base de movimiento con ausencia de texto. Era obvio que todos los actores tenían un intenso entrenamiento en la danza y los movimientos.

Un rasgo sobresaliente de *Crápula Mácula* fue el uso multifacético de la utilería. Por ejemplo, la suegra del muerto usó, cargó y manipuló en varias formas un pedazo de tela que colgaba de una barra y se podía separar en dos para algunas acciones. El sacerdote tenía una especie de puntero que manipulaba en formas abstractas, de manera ritualista o en gestos específicos, como es el caso de tirar con arco y flecha. Cada utilería funcionaba en modos que constantemente cambiaban, a veces representando entidades literalmente y en otras añadiendo al diseño y al aspecto emocional de la escena. Las variaciones vocales, el movimiento, la manipulación de la utilería y el texto se combinaron para expresar tanto lo concreto como lo inefable. La combinación fue particularmente rica en la escena en que el policía arrestó al acusado.

El policía es una figura alta, imponente y siempre equilibrada. Se mueve con la fuerza y la precisión de un luchador entrenado a estar siempre alerta y dispuesto a reaccionar con rapidez y gran energía. Su postura característica es la posición erguida, con el cuerpo plantado firmemente en el suelo, con sus piernas apartadas, adueñándose del espacio como si fuera suyo. Esta imagen corresponde a la manera en que muchas culturas del mundo representan el orgullo y fortaleza de sus hombres. La utilería que maneja el policía es una silla en la cual no sólo se sienta, sino que la usa en un sinnúmero de formas para ilustrar el texto y el subtexto de la escena. Su testimonio está estructurado en cinco partes: tres (1, 3, 5) con luces resplandecientes y un diálogo acompañado por movimiento, y dos (2, 4) con movimiento solamente, bajo una luz azul y tenue. En el primer caso, cuando las luces son resplandecientes, habla con el Comisario de Policía ausente del escenario; en cambio, bajo la luz tenue, recuerda e ilustra su percepción de los sucesos.

Cuando las luces se encienden por primera vez, el policía se para con las piernas separadas, frente al público y con la cara entre los barrotes del respaldo de la silla, como si ésta fuera la máscara de una armadura de un caballero o barrotes de una celda (ver figura 2). Repentinamente, con un movimiento circular coloca la silla en frente de él, levanta los brazos y, mientras camina, comienza a hablar. Cuando él recuerda su encuentro con el acusado, y se sienta en la silla, las luces comienzan a obscurecerse tomando un tono azulado, y él comienza a mecerse como si estuviera dormido. Luego, como si notara la presencia de algo o alguien, mira a su alrededor, después se relaja y vuelve a mecerse. De repente, como reacción a algo que ha escuchado o sentido, toma la silla rápidamente y la levanta con movimiento circular, para cubrir su cara a la manera de un escudo. Luego balancea con fuerza su peso en la silla, yendo de derecha a izquierda, y, al mismo tiempo, asomándose por los barrotes del respaldo de la silla. Después de oscilar la silla, la sitúa en el piso y se sube en ella para mirar (ver figura 3), la vuelve a oscilar y situándola boca arriba se sube a ella y mira otra vez. En esta secuencia, la silla ha cambiado de función, ha pasado de ser un objeto que se puede utilizar para sentarse, a ser un escudo, casi un arma, y formar parte del panorama al cual puede subirse o utilizarla para ver mejor. De repente, ve algo que lo horroriza, se pone detrás de la silla que está en frente de los espectadores y las luces se encienden. Inmediatamente, el policía continúa su testimonio, durante el cual, pone la silla en el centro, frente a la audiencia y se sienta. Repentinamente, se da cuenta de que el acusado tiene que ser el asesino, bate sus manos y salta en el aire. Después va hacia la silla y mientras con movimientos circulares la rodea, apunta hacia el acusado como si éste estuviera sentado en ella.

Otra vez, las luces se obscurecen y se tornan azules. Mientras el policía continúa su relato acompañado de una serie de movimientos, se agacha atrás de la silla, la voltea patas arriba y continúa usándola como escudo mientras se arrastra de un lado a otro. Se asoma por los barrotes, da un salto mortal sobre ella, vuelve a asomarse otra vez y se levanta. Inesperadamente, la silla *se convierte* en el acusado. Cuando levanta la silla, la carga con más dificultad a causa del peso del "acusado." La pone en el piso mientras que las luces se vuelven a encender. En la última sección, mientras el policía habla de cómo el acusado trataba brutalmente a las mujeres, él ilustra dicho trato. Para hacerlo, toma la silla y la mueve violentamente alrededor de sí mismo, rugiendo con rabia: la acción podría representar tanto la brutalidad del acusado hacia la mujer como la ira que tal brutalidad despierta en el policía. De repente, la silla se convierte en una víctima femenina.

La coreografía de *La bella Remedios* fue hecha por Peter Palacio, un bailarín colombiano que ha estudiado en los Estados Unidos y Europa. Es la cuarta en una serie de obras que ha dirigido para su compañía, Danza Concierto. Estas obras exploran los diferentes aspectos de la cultura colombiana. La narrativa y los cinco personajes de *La bella Remedios* fueron concebidos a base de la novela *Cien años de soledad*. El aspecto más sobresaliente de esta obra es la integración de elementos escénicos con movimientos corporales y acción para expresar carácter, emoción, y seguir el desarrollo de una historia en una composición sin texto verbal.

En Cádiz, *La bella Remedios* fue interpretada en un teatro grande y formal, el Gran Teatro Falla, un teatro al estilo europeo plenamente equipado con un escenario proscenio en arco, con un foso para la orquesta. Esta obra requiere un espacio escénico a utilizar tanto vertical como horizontalmente, pues los bailarines suben o son elevados sobre el piso del escenario. La tecnología teatral, desempeña un papel importantísimo en la producción, particularmente en el manejo de las luces y de las técnicas que hicieron posible el vuelo de los elementos escénicos. Los aspectos técnicos son una parte integral de la concepción de la obra, y su función es revelar el carácter de los personajes y exponer la trama de la narración.

La obra está dividida en siete secciones, algunas interpretadas en silencio y otras con acompañamiento musical. La primera sección introduce elementos escénicos que desempeñarán un papel importantísimo a través de toda la obra. Al comenzar, vemos una larga pieza de tela amarilla que cuelga en una línea vertical de una de las cuerdas del foro, y se extiende desde un punto alto en el escenario hasta el piso. Atrás está una escalera suspendida con barrotes encorvados, que proyecta una sombra que forma un diseño en el ciclorama. También cuelgan de uno de los telares unas cuerdas estiradas hacia afuera en líneas diagonales desde el centro del escenario (ver figura 4). La tela, la escalera y los lazos serán utilizados funcionalmente a través de toda la pieza. Mientras Remedios está físicamente al nivel del escenario, ella está enredada en la tela que se extiende hacia los cielos. Remedios se mueve dentro de sus pliegues, estirándola para abrirla, extendiéndola mientras que ella serenamente da vueltas, se enreda, la extiende hacia afuera, la dobla y se recarga en ella para apoyarse. Cada movimiento que ella hace afecta toda la tela hasta su ápice; de tal manera, su movimiento es extendido para suplir el arca y establecer su conexión con lo celestial. Después de que Remedios se mueve hacia las sombras del fondo del escenario, el público puede ver uno de los hombres del pueblo caminando hacia el proscenio dentro de un gran círculo de luz. Este se mueve, pausa, se mueve en ritmos desiguales mientras que ejecuta movimientos angustiados en el piso, rodando por él, dándose vueltas, y encogiéndose hacia adentro. Aún cuando se pone brevemente en pie, su acción es ejecutada con movimientos hacia abajo, como si estuviera atado a la tierra para contrastar el movimiento extraterreno y sostenido de

Remedios. A continuación en esta escena, se presenta a Amaranta, quien, con su falda negra esponjada y partida, su gran tocado negro y sus movimientos agitados establece el carácter terrenal de su ser.

Cada escena involucra uno o más de sus elementos funcionales en la expresión del carácter o la acción; por ejemplo, en la escena siguiente, la relación de Amaranta con Remedios se revela a través de la manipulación horizontal que las dos mujeres hacen de la tela amarilla que ahora ha sido bajada de su posición vertical. En la tercera escena, Remedios, literalmente, asciende hasta llegar el punto más alto, con la tela colgando hacia la tierra, como si fuera su pelo. Luego, los hombres tratan de alcanzarla desesperadamente subiéndose a las cuerdas y columpiándose en ellas. En "el carnaval". que sigue, otra parte de tela es extendida en el espacio del escenario para formar un decorado triangular de carnaval en donde los hombres actúan. En la última escena de Amaranta, "venda y mortaja," una cuerda gruesa que representa su gasa ensangrentada se tensa desde su muñeca derecha hasta la atadura fuera del escenario. Esto crea una fuerza horizontal firme alrededor de la cual se mueve Amaranta por debajo, por arriba, enredándose lentamente en ella para así tejer su mortaja. La última escena, "Elevación," está centrada alrededor del capullo celestial de Remedios, donde ella está libre de la tierra y sus preocupaciones.

La técnica de la iluminación de *La bella Remedios* es tan espectacular y efectiva como lo son los accesorios escénicos y la habilidad técnica e interpretativa de los bailarines. Cambia de focos pequeños a grandes; los que, a veces, limitan el espacio y la percepción de éste y, en otras, colores brillantes iluminan todo el escenario y hacen que el espacio parezca ilimitado, creando la impresión de un cuadro hermosísimo. En la escena del carnaval, el alumbrado posterior se utiliza a veces para revelar la silueta de los hombres que están detrás de la gran tela triangular; en otras ocasiones, la iluminación de enfrente se utiliza sólo para iluminar la tela en sí y dejarnos ver las formas que se mueven hacia ella. Hay veces en que se utilizan luces laterales, que provienen de la suspendida Remedios, las que proyectan las sombras de la tela y la escalera en los dos lados del escenario. Aparece en la escena una figura que recuerda la escena de la resurrección con una cruz en el centro y cruces adicionales a cada lado: es la trinidad de Remedios. Por último, durante la representación de su vida en el mundo superior, se le da, a su figura, una iluminación brillante que sugiere la transfiguración.

Estas tres obras demuestran un uso ejemplar del movimiento y de dispositivo escénico para crear expresiones multi-dimensionales de los textos dramáticos. En mayo de 1996 tuve la oportunidad de participar en el seminario de la Escuela Internacional de Antropología del Teatro (ISTA: International School of Theater Antropology) llevado a cabo en Copenhague bajo el liderazgo de Eugenio Barba. Una preocupación sobresaliente de la sesión de 1996 fue la separación del teatro y la danza en la tradición moderna de Occidente comparada con las prácticas interpretativas integradoras de Asia y otras culturas no pertenecientes a la cultura Occidental. Según Barba:

> The tendency to make a distinction between dance and theater, characteristic of our culture, reveals a profound wound, a void with no tradition, which continually risks drawing the actor towards a denial of the body and the dancer towards virtuosity. To an Oriental performer, this distinction seems absurd, as it would have seemed absurd to European performers in other historical periods, to a jester or a comedian in the sixteenth century, for example. (Barba y Savarese 12)

Muchas de las producciones en FIT 96 identificadas como "teatro" fueron justamente el tipo de teatro integrado al cual Barba se refiere. Dichas obras dependen en gran medida en los elementos de movimiento y danza tanto como en lo que al texto y al guión se refiere para encarnar su contenido temático y la configuración de personajes. Aquí, la separación que preocupa a Barba a menudo fue superada en parte por la influencia del mismo Barba o de los miembros de Odin Teatret Esto fue muy claro, por ejemplo, en el caso del Teatro de los Andes, que presentó *Ubú en Bolivia*.

La mayoría de las obras teatrales presentadas en FIT 96 combinaron todos los elementos de expresión teatral en producciones de un "teatro integral" que satisficieron la vista, el oído, la mente y el corazón. Estas obras demostraron que el teatro iberoamericano está a la vanguardia del teatro internacional experimental e innovador y que tiene mucho que ofrecer desde sus particulares contextos geográficos y culturales.

Bibliografía

Barba, Eugenio Barba y Nicola Savarese, *A Dictionary of Theater Antropology; The Secret Art of the Performer* (Londres y Nueva York: Routledge, 1991): 12.

Piña, Juan Andrés. "Espectáculos de la otra chilenidad." *Teatro al Sur* Año 3, núm. 4 (Buenos Aires, Mayo 1996): 41-45.

Sánchez-Colberg, Ana. "Altered States and Subliminal Spaces: Charting the Road towards a Physical Theatre." *Performance Research* 1/2 (1996): 40-56.

Foto 1

Foto 2

El FIT y su imagen: la fotografía, el teatro y el espacio paradójico de Cádiz

Polly J. Hodge

Whitman College

En este ensayo se aspira a analizar algunos aspectos del Festival de Cádiz a través de la imagen del mismo proyectada por medio de fotografías. El Festival Iberoamericano de Teatro de Cádiz nace en 1985 con el propósito de establecer una relación de correspondencia y cooperación cultural y teatral entre los países iberoamericanos. Javier Solana Madariaga, Ministro de Cultura durante los primeros años del festival, bautizó al FIT en 1986, como "un festival necesario" en el contexto del V Centenario del Descubrimiento de América. Con la participación de veintinueve grupos de quince países diferentes, el festival proyectó una imagen de armónica comunicación e intercambio entre la península ibérica y las Américas. En las fotografías publicadas en el *Festival Iberoamericano de Teatro, 1986*, que presenta a los participantes y los grupos, también, se apoya visualmente el propósito de las festividades: la valoración de la diversidad y el multiculturalismo en un mundo denominado "Iberoamérica." Tal imagen "necesaria" podría ser considerada como la objetivización de un deseo de reconciliación entre España y sus antiguas colonias quinientos años después del llamado "descubrimiento" de América. Esta perspectiva contrasta con la imagen del V Centenario promocionada por varios sectores de diferentes países americanos en esa época. Estos, rechazando fuertemente la idea de "descubrimiento," vieron el aniversario como el V Centenario de la "Invasión" y se pronunciaron a favor del redescubrimiento de las raíces americanas. Sin embargo, la selección de Cádiz como la sede del FIT, ciudad conocida por su multiculturalismo histórico y señalada como la puerta de América, podría abrir paso a "nivelar la comunión...entre los dos ámbitos" (*FIT 1986*).

Esta nivelación de comunión, o armónica interacción cultural se refleja en la promoción de la imagen del FIT en las fotografías y en la propaganda sobre el evento. A la vez, tal imagen contrasta con ciertos sucesos socio-políticos que se manifiestan en el mismo ambiente cultural: Cádiz, 1996. Estos acontecimientos giran alrededor de la violación de los derechos humanos de los inmigrantes magrebíes que tratan de cruzar el Estrecho en busca de una vida mejor. Once años después del inicio del FIT y cuatro después de la celebración del V Centenario, este estudio se pregunta, ¿cuál es la imagen del FIT de Cádiz proyectada en 1996 y cómo se relaciona con la imagen política en el ambiente social? Las imágenes fotográficas y los artículos publicados en *El Diario de Cádiz, Cádiz Información, XI Festival Iberoamericano de Teatro* (1996), y el *Programa* para el Festival, sugieren la permanencia de la imagen de cooperación y colaboración multicultural entre España y las Américas, a la vez que admiten una imagen de intolerancia hacia sus vecinos africanos.

La imagen y la fotografía

Esperanza Aguirre, Ministra de Educación y Cultura de 1996, ha caracterizado el FIT y el teatro en general como un "escaparate para mostrar..." y según Gisele Freund, lo que se muestra en este escaparate, o en esta imagen visual, son los valores de la sociedad o del grupo que está produciendo y promoviendo el evento. La fotografía actúa como un medio importante en la representación de estos valores. Las fotografías son ventanas por las cuales se pueden ver ciertos mensajes implícitos en la proyección de un fenómeno visual. En su sugerente estudio sobre fotografía y sociedad, Fruend afirma que la cámara, un instrumento muy importante en la esfera social, tiene la capacidad de definir la sociedad, de expresar sus valores y de interpretar los eventos desde la perspectiva de la clase dominante. En el caso de España, la sociedad se puede caracterizar como una democracia joven en transición entre el partido socialista PSOE y el partido conservador PP, que ganó las últimas elecciones. Para nuestro estudio, el análisis de las fotografías del FIT se hace en relación con la sociedad gaditana que publica y promociona las imágenes.[1] ¿Cuál es la imagen "creada" y cómo se compara con la

---

[1] La fotografía de una obra teatral, un texto estático, es otro texto aparte de la producción en vivo y puede conllevar un nivel de significado totalmente diferente de la representación de la obra. Los responsables de la selección de la foto en un medio de comunicación tienen la capacidad de construir el sentido de

imagen "político-histórica"?

El análisis fotográfico toma en consideración tanto los textos lingüísticos como los socio-históricos, en que se entrelazan las fotografías. Analizadas éstas en su conjunto, harán posible el descubrimiento de la imagen construida por los productores del FIT. Según Josette Féral, en su estudio sobre performance y la utilización de la imagen, la fotografía es un medio por el cual un mensaje "está por construir... su contenido no es del orden de un significado explícito" (210). Féral alude a un mensaje implícito en la imagen fotográfica. Así, el significado de la fotografía es evidente sólo mirado dentro del contexto apropiado. Los que seleccionan las fotos y diseñan su posición en una publicación crean el sentido, y por extensión, una imagen que concuerde con su sistema de valores.

Miremos, por ejemplo, las fotos 1 y 2 publicadas en el *Diario de Cádiz*. La foto 1 apareció en la primera página el 24 de octubre de 1996. En esta foto de la obra *Ceremonial de la danza* por el Teatro de la Danza del Caribe, se ve un grupo de diez bailarines de Cuba durante un momento de la actuación. Cada bailarín está posando individualmente, expresándose de su propia manera. Se destacan los cuerpos semidesnudos, siendo el color de la piel el único traje teatral. La variedad de colores de la piel, blanca, negra, trigueña, vista en relación con las acciones de los participantes, crea la imagen de una armónica interacción entre una variedad de grupos étnicos; en la foto se ve la reminiscencia del antiguo esclavo negro del caribe, el blanco conquistador y la gente indígena. Los tres grupos se despliegan en un escenario donde cada individuo tiene la libertad de expresarse a su manera. El mensaje lingüístico que aparece directamente debajo de la foto, "Danza y teatro procedente de Cuba. El FIT cobra sentido en grupos como éste...," parece confirmar el propósito original del festival designado por Solana en 1986: la celebración de la diversidad en la Iberoamérica moderna. La posición de la foto en la primera página del diario, enfatiza la proyección de tal imagen.

---

la imagen al ubicarla en otro contexto, ya sea en un diario, una revista o un cartel. Para una explicación más extensa de la brecha que se genera entre la representación en una obra teatral y su representación fotográfica, ver "Photography of Theater: Reading Between the Spanish Scenes. "*Gestos* 11.22 (1996): 35-58.

Foto 3

Foto 4

La foto 2 de la obra, publicada en la página 24 de la misma edición del *Diario de Cádiz*, sirve para reforzar la imagen de que "lo bello se encuentra en la armonía de lo multicultural."[2] Es más, en esta foto los dos artistas, el bailarín negro, junto con el trigueño, forman una unidad: la posición de la figura negra sugiere el Cristo crucificado, el trigueño, que está clavado a la cruz. No se puede separar el Cristo de la cruz, los dos van siempre unidos, en este caso, agarrados de la mano. Se implica también la resurgencia de la tolerancia religiosa en la Cuba actual. Así, tanto en la foto 2 como en la foto 1, se subentiende la expresión de la unidad a través de la diversidad.

La valoración de lo multicultural se manifiesta no solamente en la apariencia contigua de figuras multi-étnicas en el mismo escenario, sino que también se ejemplifica en la selección de las obras representadas. Se nota la presencia de obras clásicas de la literatura mundial. Sólo hay que mirar el índice de las obras ofrecidas por el festival para constatar su diversidad. Obras con títulos como *Ubú en Bolivia*, *Hamlet-1*, *Elektra*, *Icaro*, *Carta al artista adolescente* son solamente cinco de las dieciocho obras ofrecidas por el festival en que se puede reconocer en el título inmediatamente la base literaria de una cultura no iberoamericana. Se incluye la representación de Francia, Inglaterra y la Grecia clásica. Se debe mencionar también *Crápula mácula* que es la reconstrucción teatral del cuento japonés "En un bosquecillo" de Riunosuke Akutagawa.

La representación visual de estas obras que apuntan hacia otras culturas está bien ilustrada en dos fotografías publicadas en la misma página (27) del *Diario de Cádiz*, el 23 de octubre de 1996. La foto 3 retrata a una figura posando de una manera que evoca a los antiguos guerreros samurai: las piernas están separadas, sus brazos levantados y su cuerpo se ve un poco agachado. Está alerta y ágil. La ornamentación alrededor del cuello y la gorra también recuerdan esos guerreros. Su cara parece más máscara que cara: la expresión es dinámica y permanente.

El subtítulo que aparece directamente debajo de la foto, "*Crápula Mácula* presentó su 'Nô Criollo,'"sugiere una fuerte identificación entre

---

[2] Se han publicado fotografías similares de la misma producción en el *XI Festival Iberoamericano de Cádiz* (46-47) y en el *Programa* para el festival (14). La multiplicidad de fotografías semejantes refuerza la imagen que se quiere proyectar.

la cultura japonesa y la latinoamericana, en este caso la colombiana.

La foto 4 ilustra la famosa figura clásica, Ubú, creación teatral del francés Alfred Jarry. Este Ubú, sin embargo, está en Bolivia, como relata el subtítulo y en esta imagen se ve retratado como un indígena. Está representado, al estilo ubuiano, con una olla en la cabeza que sirve de yelmo y su chaqueta está desabotonada. Lleva entre las manos papel higiénico; es un signo que hace referencia a la preocupación escatológica jarriana. La imagen en sí no sugiere ninguna referencia a la cultura francesa, pero la selección de la obra ya implica la identificación que siente el Teatro de los Andes con la figura de Ubú, una creación francesa. Esta foto con su subtítulo, tanto como la foto 3, sirve para reforzar la imagen del FIT ya elaborada en las fotos 1 y 2; el Festival se ve como una esfera donde reina la armonía del multiculturalismo.

El FIT, la sociedad y el espacio paradójico

El conjunto de fotos consideradas en este estudio hasta ahora caracteriza al FIT como una organización que auspicia y valora la representación de la literatura mundial, tanto obras dramáticas como narrativas. Se incluye en esta representación la caracterización del teatro como un espacio donde una variedad de grupos multiculturales conviven armónicamente en un mundo de mutuo respeto. En fin, es una imagen que se destaca debido a su apariencia de la diversidad cultural, tanto étnica como literaria. Esta imagen, la "necesaria" de 1986, parece "ideal" para 1996 y sirve como contrapunto ante ciertos acontecimientos en la esfera socio-política tildados como racistas, que ocurrieron simultá-neamente al Festival. Así, la imagen teatral de la tolerancia cultural se ve yuxtapuesta a la imagen social de la intolerancia hacia ciertas culturas; Cádiz se convierte en un espacio paradójico. El teatro y la sociedad no se ven en una relación mimética sino contradictoria; dos imágenes opuestas que se proyectan simultáneamente.

Dos fotos en diarios diferentes, en conjunto con una variedad de artículos publicados en ellos, ejemplifican este contraste con la diferente imagen proyectada por las fotografías teatrales 1-4. Las históricamente delicadas relaciones entre los españoles y los árabes se revelan en *Cádiz Información* (25 octubre 1996) y *Diario de Cádiz* de la misma fecha.

Los dos diarios hacen hincapié en la gran manifestación que tuvo lugar en la Plaza de España el 25 de octubre. Diversos grupos de la sociedad incluyendo poetas, artistas, periodistas, abogados y otros se congregaron para mostrar su apoyo a favor de los inmigrantes magrebíes denunciando lo que se ha llamado, "las condiciones de vida infrahumanas" (*Diario de Cádiz* 11).

La foto 5 ilustra un campamento de detención para los inmigrantes. Se muestra lo que parece una familia árabe de escasos recursos. Por el subtítulo, "La Plataforma reclama una urgente solución para los inmigrantes del campamento ceutí de Calamocarro," el espacio se designa como marginado ya que los campamentos en general se ubican en las afueras. Su posición marginada implica el rechazo de ellos como individuos de valor en la sociedad española y por extensión, el rechazo de su cultura.

La foto 6, publicada en *Cádiz Información* (25 octubre 1996) revela un grupo de trabajadores protestando la despedida de un inmigrante norteafricano de su puesto en el Hotel Playa Victoria "por su condición de árabe" (7). El grupo porta una pancarta mostrando su solidaridad con el siguiente lema, "No al racismo. ¡¡¡Readmisión!!! Nouredine Ararou." La repetición del lema en árabe indica el orgullo cultural que siente el grupo y sirve como la base de su identificación con el trabajador despedido. Estas dos fotos muestran cierta intolerancia hacia la presencia de la cultura árabe en el sur de España. Al mismo tiempo, a través de la protesta y la manifestación, se ilustra un impulso por parte de ciertos sectores de la comunidad española, hacia la abolición de la discriminación cultural. Una manifestación es otro tipo de teatro; su escenario es el espacio libre y su coro canta al unísono una queja sobre algún aspecto de la sociedad, en este caso, la protesta por la falta de respeto hacia los inmigrantes que por definición, son de otra cultura. Se espera que su lamento tenga un efecto positivo en el desenlace de la obra, es decir, en la dirección de la sociedad. La formación de un panel de expertos en cuestiones de inmigración en la Universidad de Cádiz (*Diario de Cádiz* 24 octubre 1996: 14) es otro paso que muestra el interés por parte de la comunidad española en un nivel oficial, de cambiar la imagen de intolerancia cultural por una imagen de comprensión cultural.[3] Sin embargo, a pesar de estos esfuerzos, Cádiz aparece

---

[3] El racismo, la intolerancia cultural y la inmigración legal son temas que reciben mucha atención hoy día, no sólo en Cádiz o España.

Foto 5

Foto 6

como un espacio paradójico proyectando una imagen teatral de tolerancia cultural y una imagen social de intolerancia racial.

La apariencia de estas dos imágenes paradójicas pone de relieve, por
una parte el deseo de crear una armonía cultural en la esfera social, una
esfera que mantiene ya por siglos cierta imagen social de la cultura árabe
y por otra, la falta de comprensión o conocimiento por hacerlo. Hemos
dicho que las fotografías, tanto de las obras teatrales como de la
sociedad, sirven como vehículos en la promoción de ciertas imágenes,
ya sea teatrales o sociales. Si consideramos con Shakespeare que el
teatro es el mundo y recordamos con Brecht su función social, parece
posible pensar que la imagen teatral del FIT funciona como una máscara[4]
que cubre la imagen social. Es una máscara deseada, la que se quiere
mostrar tanto en el escenario como en los círculos sociales. Lo difícil es
quitarle la máscara al teatro, ponérsela a la sociedad y observar cómo le
queda a la sociedad. Así se nivela la paradoja.

En su ensayo introductorio incluido en *XI Festival Iberoamericano
de Cádiz*, "El espacio paradójico del teatro en las sociedades multiculturales," Eugenio Barba comenta sobre el teatro y su representación
en las sociedades multiculturales. Para Barba, el espacio paradójico del
teatro es "un espacio de turbulencia alejado de las luces y de la atención
de los expertos y de los creadores de opiniones" (18). Para él, el teatro
verdadero no se encuentra en el teatro, sino en los espacios marginados,
entre los espacios oficialmente sociales y los espacios comercialmente
teatrales. Es la paradoja del teatro y del espacio socio-teatral gaditano:
la verdadera imagen es una imagen sin imagen, imposible de fotografiar.
Tal vez se encuentre en los intersticios entre la puerta de atrás del Gran
Teatro Falla y el espacio público de la Plaza de España.

---

[4] Esta voluntad de construir la imagen de pluriculturalismo cuenta con el
apoyo de un gran número de organizaciones políticas, culturales, y comerciales,
entre ellos el Ministerio de Educación y Cultura, la Fundación Municipal de
Cultura, las líneas aéreas Iberia y Unicaja.

Bibliografía

Bablé, Pepe. Director del Festival. *XI Festival Iberoamericano de Teatro*. Cádiz: FIT, 1996.

Barba, Eugenio. "El espacio paradójico del teatro en las sociedades multiculturales." *XI Festival Iberoamericano de Teatro*. Cádiz: FIT, 1996.

Féral, Josette. "La performance y los 'media': La utilización de la imagen. *"Estudios sobre performance*. Sevilla: CAT, 1993.

Freund, Gisele. *Photography and Society*. London: Gordon Fraser, 1980.

Hodge, Polly. "Photography of Theater: Reading Between the Spanish Scenes" *Gestos* 11.22 (1996): 35-58.

Margallo, Juan. Director del Festival. *Festival Iberoamericano de Teatro*. Jerez: Grafibérica, 1986.

Calderilla: la sociedad de mercado desentona

Juan Villegas
University of California, Irvine

Un espectáculo de la sociedad postmoderna

De las declaraciones de los integrantes del grupo Jácara, hay varias que proporcionan posibles claves para el entendimiento de *Calderilla*.[1] Por una parte, se consideran "teatro de repertorio" en constante proceso de renovación y cambio, en el cual se busca tanto la transformación lingüística como escénica.

> En JACARA hemos optado por una línea marcada por la frescura y la creatividad, algo que hemos intentado canalizar a través de la escritura de nuestros propios textos, con una buena dosis de humor, que han pretendido conectar, mayoritariamente, con un público joven. Para nosotros el público es un factor que manda y en nuestro trabajo nunca lo hemos dejado al margen.

En cuanto a *Calderilla* resumen su producción:

> Y nos contarán/cantarán una historia. No será, a pesar de todo, una historia triste. Tendrá humor, pero sobre todo ironía. Y hablará de pasiones, de amores y desamores. De odios y corrupción nuestra de cada día, de cada siglo. Una historia como de Macky Navaja, cuyo latido presidirá, sesgadamente, la línea argumental. Una historia como tantas otras. Divertida, vital.[2]

---

[1] Agradezco a los miembros del grupo, especialmente a Juanluis Mira Candel, el haberme facilitado el manuscrito que permitió confirmar algunas de las observaciones del espectáculo. Las citas textuales incluidas en este ensayo corresponden a este manuscrito.

[2] A menos que se indique otra cosa, las citas vienen de los materiales proporcionados por el grupo a los organizadores del FIT 96.

Teatres
DE LA GENERALITAT VALENCIANA

Estos propósitos iniciales o confesos de los integrantes del grupo da origen a una producción cuya complejidad significativa, pluralidad de niveles o contradicciones de sentidos posibles, se integra con una gran ambición escénica, en la cual se evidencia el reciclaje de procedimientos espectaculares. La producción constituye una búsqueda consciente de actualización teatral que, en otros tiempos pudo llamarse de vanguardia, y que hoy algunos preferirían denominar una puesta en escena postmoderna. Como ellos indican, hay una constante utilización del humor. En cuanto al género dramático, los integrantes del grupo anuncian la obra con varias denominaciones, insistiendo en su dimensión musical. De esta manera se refieren a ella como "comedia musical," "musical urbano," "teatro musical." En algunas de sus declaraciones de prensa hablaron de "ópera por un mendrugo."

Desde el punto de vista del sentido, el texto pareciera buscar una subversión social en la censura y crítica del sistema social contemporáneo, en el cual el sistema de mercado permea todas las actividades. La imagen del mundo es la de una sociedad corrupta, en la cual el manejo del dinero condiciona todas las conductas humanas. El núcleo espacial y social son los sectores marginales donde se manifiesta un eco o un doblaje del sistema social y económico de la macrosociedad, ya sea España o la sociedad contemporánea, especialmente de las economías avanzadas. Al mismo tiempo, no hace sino contribuir a una estereotipación de sectores sociales, exagera los rasgos que el discurso cultural dominante asigna a los sectores marginados, al "otro." El procedimiento atenúa o anula toda posibilidad de cuestionamiento de las estructuras sociales. Desde esta perspectiva, la "buena voluntad" social de ponerse de parte de los "abandonados" no hace sino estereotipar literariamente a estos sectores, enfatiza —no cuestiona— los roles sexuales del hombre y la mujer en un sistema patriarcal. Aquí lo "natural" es usar la violencia como forma de dominio y la mujer acepta como natural el recibir golpes y malos tratos, a cambio de lo cual se entrega al "macho" protector. En cuanto a los sectores sociales marginados, se enfatiza su lenguaje con una jerga de marginado "literario" y se magnifica y privilegia la versión que los asocia con la trampa, el chanchullo, el sexo como instrumento de poder, el sexo sin barreras, la proximidad de lo criminal. Los transforma en personajes "simpáticos," fuentes de diversión para los espectadores medios —no pertenecientes a ese mundo de la marginalidad. La función específica de esta "comedia musical" es reírse del "Otro," sonreír con las aventuras o desventuras del Otro, mientras parece cuestionarse el sistema del político corrupto. En otras palabras, no se trata de un drama social mostrador o analizador de las causas de las perturbaciones o "anomalías" sociales, en el cual tanto el análisis de las causas como las salidas se funda en una utopía de redención social; aquí el drama es "comedia musical" o "teatro musical" u "ópera de barrio." El infortunio social es fuente para hacer literatura, no literatura para crear conciencia social.

El espectáculo, como fenómeno teatral y visual, sin embargo, es riquísimo. Constituye en sí un collage de técnicas espectaculares y visuales que llevó a los asistentes al teatro Falla a unos aplausos desbordados y entusiastas. Lo espectacular, sin embargo, adquiere sentido sólo en función tributaria del mensaje verbal, como apoyo del mismo, ya que el diálogo de los personajes y las canciones son portadoras de sentido.

El texto se hace eco de un problema social que circula por la España contemporánea: la propuesta de municipales de prohibir la circulación o existencia de individuos que viven en las calles o mendigos que "molestan" a ciudadanos y turistas. El medio de comunicar el mensaje —el medio es el mensaje, en este caso— es propio de la cultura contemporánea o de la postmodernidad teatral: la comedia musical, la ironía, el teatro dentro del teatro, el desborde del espacio teatral tradicional, la autorreflexividad, el cruce de los géneros y las culturas, la utilización de otros textos y su refuncionalización. El espectador se enajena frente al impacto visual, el ritmo de la acción externa, las actuaciones y las gestualidades de los personajes en el escenario, las variantes del escenario y el manejo de las luces que enfatizan el dinamismo de la acción. El tono general, tanto del discurso verbal como del discurso espectacular y musical, tiende a lo grotesco, a la exageración caricaturesca. Hay una consciente utilización de lo chacabano, tanto en el lenguaje como en el gesto. De este modo, el desentono de los cantantes parece buscado y funcional y no imputable al hecho de que los actores y actrices son eso, actores y actrices, y no cantantes.

El espectáculo está organizado sobre la base de escenas, denominadas "esquinas," cada una de las cuales se separa de las otras por canciones claves. Estructuralmente, estas canciones cumplen una doble función. Por una parte resumen o anticipan el tema de la esquina siguiente y, por otra, dinamizan el espectáculo. Además, contienen las claves del significado del espectáculo, ya que funcionan a modo de coro conceptualizador del sentido. La canción inicial, por ejemplo, apunta: "La calle está de moda/ con edictos y verbenas/ la calle es mía dijo aquél/ otros dicen pobres fuera/ que hay que dejar las calles/ limpias como una patena...." El espectáculo concluye con los actores y actrices cantando a coro otro fragmento de la canción inicial:

> La ley de la calle es dura
> tan dura como esta acera
> hoy me toca a mí mañana a ti
> la vida da muchas vueltas....
> Vivimos tiempo de imagen
> la apariencia es lo que cuenta
> hay que acabar de una vez
> con la mugre callejera.

Los límites de la realidad

El espectáculo presentado en Cádiz evidencia aspectos que en el texto escrito no son enfatizados. Uno de estos aspectos es el continuo quiebre de las barreras entre "realidad" y "teatro" o los juegos de teatro dentro del teatro —siendo la realidad lo que está fuera de la sala de espectáculos y "teatro" lo que sucede en un escenario. De este modo, se desbordó el espacio de la sala para que los espectadores, que esperaban en la plaza que se abriese el teatro, se encuentren con mendigos o mendicantes. Este primer encuentro entre realidad y ficción, sin aviso previo, se refuerza cuando el espectador ya está sentado en las butacas y, antes de comenzar la "verdadera" función, con las luces encendidas, ve aparecer algunos de los mendigos que estaban en la plaza y los ve instalarse en las butacas o seguir con sus "actuaciones," ya sea cantando o mendigando. Por otra parte, otros actores se encuentran en el escenario y llevan a cabo ejercicios para prepararse en su actuación o gesticulan como si estuviesen mendigando. Mientras tanto, los espectadores siguen llegando a la sala y se acomodan en sus asientos, creando una impresión de una realidad fantasmagórica, de caos o de mercado en la cual la realidad imaginaria se confunde con la realidad inmediata. Sólo cuando el tercer llamado de campanillas anunciando que va a comenzar la función y las luces del teatro inician su transformación, vuelve el "orden" y el espectador regresa a la tranquilidad que proporciona el código de la tradición teatral: ahora sabemos que lo que viene es ficción, es "teatro."

Este dinamismo entre planos de realidad se refuerza en el espectáculo con el uso de marionetas que adquieren categoría de personajes que dialogan con los otros personajes. La presencia del marionetista en el escenario, sin embargo, evidencia la doble o triple realidad con las que funciona el director. Finalmente, otro recurso en esta misma dirección es la recurrencia de un mismo actor que representa varios personajes, sin cambiar esencialmente de apariencia, el que explica su semejanza física con los otros personajes por pertenecer a la misma familia. Todos ellos son "primos."

Esta serie de niveles de realidad no hacen sino enfatizar que el mundo imaginario representado es un eco de la realidad. Por lo tanto, se constituye en un elemento clave de la sátira social.

La reutilización del sistema de mercado y las apropiaciones culturales

Los productores de la pieza tenían plena conciencia de su inmersión en la cultura de occidente y su utilización de la tradición para comunicar su propio mensaje. En una supuesta carta al "Admirado y querido Bertold," por ejemplo, luego de referirse al posible edicto "limpiando" las calles de las ciudades de mendigos, pedigüeños y "clineros" afirman:

> Tomárnoslo con humor y añadirle unos cuantos granos de mala uva, que a veces viene bien. Nuestra CALDERILLA, modesta propuesta de una Compañía que cumple ya quince años de pelea teatral, quiere ser un desenfadado homenaje al musical por excelencia, a esa PERRA GORDA tuya que tanto ha sonado por nuestros escenarios.

En declaraciones anteriores, se refieren al texto como *Opera por un mendrugo* y apuntan una serie de fuentes literarias, tales como *The Beggars Opera* de John Gay, la opera de tres centavos de Bertold Brecht y la *Opera del bandido* de Tábano.

Afirman: "En ningún momento queremos hacer una versión más de estas obras, aunque nos sirvan como referente cultural a tener en cuenta." Y, después de referirse nuevamente a las discusiones sobre el o los edictos prohibidores de mendigos, hacen notar: "Los textos aludidos, pues, están más vigentes que nunca, pero —en nuestra opinión— están ya algo manidos y han perdido interés. No han perdido interés, sin embargo, el mundo que refleja y su visión irónica de una realidad que nos atañe a todos."

Este reconocimiento, creo, debe ser visto no sólo como un homenaje a los autores citados sino también como la inmersión de los productores en la cultura de la postmodernidad, en la cual las fronteras entre las culturas desaparecen y elementos de unas se reutilizan desenfadadamente en otras.

En este ensayo, sin embargo, me interesa menos la utilización de los textos clásicos como indicio del cruce de las fronteras de las miniculturas o culturas nacionales para autoconstruirse en un espacio ampliado de la cultura transnacional, cuestiona que, a la vez, es indicio de una economía transnacional, que afecta el comportamiento de todos los seres humanos, y cuyas consecuencias apunta el texto: "hoy me toca a mí mañana a ti/ la vida da muchas vueltas...."

El espacio imaginario del teatro revela el fundamento del sistema económico que conduce a la decisión de prohibir la existencia de los mendigos en la ciudad postmoderna. Esta sátira se lleva a cabo por el trasplante o la impregnación de la economía de los marginados —una microeconomía— con la terminología, procedimientos y mecanismos de la macroeconomía. Por otro lado, se hace uso de expresiones y comportamientos propios de la publicidad, que va adherida al sistema de mercado.

Son numerosas las referencias en el texto, tanto escrito como en el espectáculo, que confirman esta interpretación. Casi al comenzar, se nos da la clave del procedimiento cuando Tito afirma que le llaman "el empresario de los pobres" y que "la miseria también necesita un control, una organización." Tito, el que es caracterizado en la lista de personajes del manuscrito como "penefactor, magnate de las esquinas," es descrito relizando las siguientes acciones,

Abre una pequeña mesa plegable, coloca la silla correspondiente, improvisa una pequeña pero funcional oficina a la intemperie. Y se pone a trabajar en sus cosas administrativas, muy ejecutivo él. Saca, incluso, un pequeño ordenador portátil. Teclea.

El parlamento que sigue a esta descripción da el tono a esta parodia de la economía de mercado y la utilización del lenguaje de la publicidad en el manejo de los asuntos callejeros:

> Veamos, Calle Mayor...1,700.... No puede ser. Para mí que el Boitila blanquea ingresos. ¡Con el día que ha hecho hoy!...(Lee de corrido uno de los carteles, escrito sobre la tapadera de una caja de zapatos, se le entiende solo: mujer enferma, nueve hijos, ...sida...suicidio....). Quien escribió esto se ha pasado un poco ¿no? Habrá que cambiarlo. Hay que renovarse, el culebrón ya no vende.... Para mañana quiero que me hagas diez nuevos rotulitos, que voy a reconvertir un poco el sector. Nada de letra gótica; diseño cuidado eso sí, pero informal. Escribes...No te pido una limosna, te exijo solidaridad.... "¡Genial!...El medio es el mensaje: primera ley de la publicidad. Sí, debía haber aceptado el cargo que me ofreció el de Turismo...."

Posteriormente, el mismo personaje anota: "Aquí lo que se impone es la economía escénica. Osease, poco, pero directo y con morbo."

La dimensión transnacional se pone de manifiesto, además, en la referencia a los espacios donde han trabajado algunos de los personajes: "Mundial de Fútbol Valencia, Zaragoza/Málaga Juegos Olímpicos de Barcelona Expo de Sevilla Madrid capital cultural Xacobeo en Santiago Campeonatos del mundo de skí en Granada...."

Consecuente con esta economía transnacional es la utilización de lenguaje, referencias, procedimientos teatrales, modos de vestirse o gestualidades sin fronteras geográficas o culturales. Mientras, por un lado, los personajes utilizan expresiones y tonos locales, por otro, se visten, aluden o se nombran con elementos de la cultura transnacional. Por ello, junto a un personaje denominado Camaleón o El Erizo se encuentra otro a quien llaman Leididi o Maripúas que viste como "punkta," neologismo sugerente de su profesión y asociación visual —el modo de vestirse— con grupos originados en otras latitudes. Uno de los ejemplos más evidentes es El Erizo, quien es caracterizado como "un joven de esos que identificamos enseguida con el líder de alguna tribu urbana. Su aspecto, sin embargo, no define a qué tribu pertenece: si a los spunkys, a los Bakalaeros, los Heavyatas...porque quizá pertenezca a todas ellas, o no pertenezca a ninguna."

En cuanto a la música, también se da la apropiación de ritmos de varias culturas, enfatizando su asociación posible con estados de ánimo o situaciones con los cuales esos ritmos se han vinculado. Por ejemplo, para situaciones tristes utilizan "blues desgarrado," los que desembocan en "una melodía llena de romanticismo" como indicio de la tristeza. Cuando se quiere enfatizar los celos, se recurre al tango:

Tito.   Duelen los celos, eh, Maripúas...?
Maripúas.   Más que una puñalá en el alma.
                 (*Tito arranca con los primeros acordes de un tango. Maripúas le da la réplica:*)

Para concluir la escena en que se acusa a Erizo de haber asesinado, la orquesta "arranca con una melodía muy chocarrera, con cierto toque de chascarrillo aflamencado,...."

Esta parodia de la economía de mercado se lleva a cabo en un nivel de reducción paródica en que lo chacabano es parte integral de la lectura de la sociedad de los marginados por parte los productores. De este modo, uno de los motivos recurrentes es la chacabanería, el mal gusto estetizado o, como algún crítico solía decir, se trata de la estética del mal gusto. Aunque son muchísimas las escenas que se podrían mostrar para probar este aserto, quiero citar sólo dos. Una se refiere al lenguaje:

Maripúas.   Fui a entregarle a El Erizo la guita de los dos últimos servicios...y no estaba donde siempre.... Había desaparecido...y me extrañó.
Erizo.   Guarra!
Camaleón.   Cuide su vocabulario, joder....

La otra es la escena final, antes de cantar la "contra-obertura" con que termina el espectáculo:

                 (*Muy ceremoniosos, Tito y Erizo se yerguen colocándose una mano en los huevos. Camaleón, que entiende entonces de qué va tan particular y ancestral juramento, hace lo mismo, y los tres al unísono, dicen*)

¡Por el futuro!

La naturalización de la violencia y el estereotipo

Aunque el tono abigarrado y la estética de lo chabacano y el mal gusto constituyen un factor constructor de expectativas de lo sorprendente, alienante, que permite esperar la exageración, la violencia como instrumento de sátira y parodia, también es verdad que un espectáculo puede constituir un proceso de naturalización. Desde esta perspectiva, *Calderilla* presenta varios problemas ideológicos o conceptuales. Mientras, por un lado, parece aspirar a que los potenciales espectadores adquieran conciencia de la injusticia de la marginación de los mendigos de las calles; por otra, configura estos sectores sociales como el hampa, desbocadamente eróticos, explotadores de la sociedad —de la cual no se diferencian grandemente— naturalmente violentos. Esta mostración del sector social al que se espera apoyar no hace sino naturalizar la opinión probable que los sectores sociales acomodados tienen del grupo. Dentro de esta esterotipación, un aspecto llama la atención para el que viene de una sociedad como la norteamericana, en la cual, "oficialmente," se cuestiona la representación de la violencia sobre la mujer, especialmente el cuerpo de la mujer, como procedimiento contribuyente a la naturalización de esa violencia.

Aunque fue una situación que se dio en varios de los espectáculos del Festival, *Calderilla*, evidentemente hace uso continuo del golpe como forma de control de la mujer o, simplemente, como forma de conducta con respecto a la mujer, y la aceptación pasiva, "natural" por parte de las mujeres. Este tipo de relación fue mucho más evidente en el espectáculo que en el manuscrito, aunque en éste hay menciones explícitas. La siguiente escena es un buen ejemplo:

Erizo.   Coño, princesa, a veces me pones los pelos de gallina....
Leidi.   Y ¿sabes? En el fondo Tito no es tan mal tipo.
Erizo.   El Tito está más pasao que la miranda....
Leidi.   Si no se le fuera tanto la mano.... No hay parte de mi
           cuerpo que no me haya reventado.

Poco después:

Leidi. Me pondré de lado cuando me pegue, así (*busca la posición-escudo*)...lo tengo comprobado: los golpes duelen menos.

Erizo. Y tápate la cara, que el Tito es más torpe todavía que animal, que ya es decir, y te deja hecha un cristo, todita llena de señales...y después no hay quien te pipe....

La última frase, en realidad, sugiere menos compasión o afectividad del Erizo hacia Leididí que conciencia que, dentro de la profesión que ejerce, los golpes quitan o destruyen el capital o su fuente de producción económica. Por otro lado, sin embargo, ninguno de los personajes femeninos cuestiona el comportamiento masculino. Al contrario, están dispuestas a corresponder con amor tanto a la explotación como a la violencia.

Para el Erizo, el amor "es solo una palabra/ ideal/ para mantener el tipo/ la pasión/ a veces se te desmadra/ es un buen negocio/ que me llena el bolsillo." Para Leididí, en cambio, "El amor/ es lo único que importa/ es la esquina/ donde puedes refugiarte/ es un sueño/ que te envuelve y que te roba/ el instinto/ la razón para escaparte." ("La canción del amor.")

Calderilla representó uno de los triunfos del FIT 96. El Teatro Falla tuvo un lleno completo. Al terminar, el público aplaudió largamente, obligó a los actores a salir varias veces y premió al director invitado —Guillermo Heras— con un sostenido aplauso. Indiscutiblemente logró su objetivo de satisfacer al público, entretenerlo, hacerle reír y disfrutar del espectáculo. Por otra parte, el grupo en sí consiguió su objetivo de criticar los edictos limpiadores de mendigos en las ciudades españolas. En el proceso, sin embargo, entre la risa y el asombro por la gracia del espectáculo, contagiado con el ritmo y la variedad musical del mismo, la parodia bien realizada del macrosistema económico, transnacional, para un espectador fuera del sistema cultural de la mayoría del público asistente surgía la inquietud por la estereotipación de los sectores marginales, confirmadora de su marginación, o la naturalización de un sistema social de violencia institucionalizada. Al leer las críticas de los periódicos, escuchar los comentarios en Cádiz o recordar los aplausos en el Falla ese espectador comienza a sentirse un afuerino.

España fragmentada, apocalíptica y postmoderna: *Híbrid* de Sémola Teatre

Claudia Villegas-Silva

University of California, Los Angeles

Híbrid es un espectáculo impresionante a nivel visual. Construye y comunica un mundo casi exclusivamente sobre la base de imágenes visuales y sensoriales, reforzadas por fuerte elementos auditivos. No existe un diálogo verbal entre los personajes. Los fuegos artificiales, las inundaciones, la abundancia de agua o lluvia que moja con frecuencia a personajes y objetos, la destrucción física de los objetos del escenario, la gestualidad de la indiferencia, el enorme aparato escenográfico, la violencia de las acciones constituyen un impacto visual, sensorial y emocional difícil de olvidar. Esta exhuberancia constituye una sátira de España contemporánea en una versión grotesca de lo que la tradición ha configurado como el ser español. *Híbrid* representa un proceso de construcción y desconstrucción visual de la identidad española.[1]

Híbrid, puesta en escena por el grupo Sémola Teatre, configura una España postmoderna. Es una España en la cual los antiguos íconos constituyen un fracaso, predominan la agresividad y la violencia; la música conduce al aislamiento y la incomunicación; los seres humanos son fríos e indiferentes; domina una sexualidad sin pasión; la gula compensa la falta de sexualidad, el macho o los actos masculinos se hacen grotescos. En esta sociedad, la fuerte presencia de la televisión, la ausencia de lenguaje verbal como sistema de comunicación, la utilización de los medios visuales refuerzan el aislamiento e insertan a España en el espacio de la postmodernidad.

Aunque el texto se puede interpretar como un "vacío de la sociedad

---

[1] El grupo Sémola Teatre, de Barcelona, venía precedido de varios triunfos teatrales y, esta obra en especial, era considerada como uno de los posibles grandes espectáculos del Festival. Algunos de los críticos habían destacado sus técnicas teatrales y otros su carácter iconoclasta y subversivo.

postindustrial,"[2] o "un teatro de imágenes del fracaso del individuo,"[3] estas interpretaciones dejan fuera un aspecto realmente importante: el espectáculo se sustenta en la ironización y ridiculización de imágenes que han definido tradicionalmente lo español. Por lo tanto, la sátira no apunta sólo a la "sociedad industrial," sino que tiene como referencia específica a la sociedad industrial española. Es decir a la España actual.

Si se acepta algunas de las caracterizaciones de la postmodernidad, *Híbrid*, tanto en lo ideológico como en sus procedimientos, corresponde a este modo de representación. Postmodernidad es la representación histórica y política no sólo en la escritura sino en la re-escritura de la historia. Como señala Linda Hutcheon: "Generally speaking the postmodernism appears to coincide with a general cultural awareness of the existence and power of systems of representation which do not *reflect* society so much as *grant* meaning and value within a particular society" (8). De este modo, aunque las imágenes estereotipadas de las diferentes Españas escenificadas en el espectáculo de *Híbrid* no correspondan a una realidad, sí ponen de manifiesto el significado que la sociedad política e histórica le ha señalado.

La sátira de España

La puesta en escena se construye con una sucesión de imágenes, yuxtapuestas y aparentemente no coherentes (caóticas), de lo que podría llamarse la España "de ayer y de hoy." La imagen de España de ayer se

---

[2] En el folleto utilizado como presentación por el propio grupo, se incluye un comentario de Joan Anton Beach: "No hace falta repetirlo demasiado ya que es la pura evidencia: persiste en Cataluña una tradición innovadora de los lenguajes teatrales. ...Se encuentran en *Híbrid* en alegorías e insinuaciones coreográficas que son el reflejo mimético de un tipo de teatro-danza y de una estética sobre el vacío de la sociedad postindustrial."

[3] En el mismo folleto, hay numerosas citas de comentarios anteriores, las que incluyen reseñas de periódicos de España, Francia, Portugal, Holanda, Alemania, Bélgica. Dentro de éstos es sugerente destacar el de Gonzalo Pérez de Olaguer, de *El Periódico,* quien interpreta *Híbrid* como: "Un teatro de imágenes del fracaso del individuo que Sémola ilustra con escenas puntuales en las que el humor —irónico, sarcástico, grotesco o hasta sentimental— cobra un revelante protagonismo."

funda en España como un pueblo apasionado, ardiente, masculino. Es representada especialmente por tres íconos: el torero, el guitarrista y don Juan, los que se han constituido en símbolos de la masculinidad, del amor y la pasión. Estos íconos le dan a la obra el contexto cultural específicamente español. Representan a la vieja España, la que es constantemente contrastada con la nueva, que es la España integrada al Mercado Común Europeo, la España de la libre empresa, la de la cultura de la postmodernidad e impactada por los medios de comunicación, la televisión, la publicidad y el tecno-video. El procedimiento recurrente para esta sátira de la España tradicional es la utilización del grotesco. Según Patrice Pavis, "lo grotesco se experimenta como una deformación significante de una forma conocida o aceptada como norma" (246). En este caso específico lo que se deforma o pone en la perspectiva del ridículo son imágenes o íconos españoles que la cultura oficial o la cultura de occidente han asociado con lo definidor de lo español o del ser español: el torero, el gitano, el guitarrista. La obra transforma la definición de la cultura y nacionalidad española. Se configura una yuxtaposición muy fuerte entre las imágenes estereotipadas de lo exótico, lo apasionado y lo masculino de la España de ayer y la nueva identidad europea de España, femenina y fría. Según Ella Shohat y Robert Stam en *Unthinking Eurocentrism,* "postmodernism implies the global ubiquity of market culture, a new stage of capitalism in which culture and information become key terrains of struggle" (338). Las nuevas condiciones económicas y culturales obligan a desconstruir la imagen de ayer y a reconstruir la imagen nacional.

Se advierte claramente el cambio de la identidad nacional. Este cambio se comunica a través de la imagen o el ícono del torero español. La escena del torero se inicia con fuegos artificiales, con un paso doble que anuncia la gran fiesta nacional. Sale el torero vestido de pantalones negros y una camisa roja. Empieza a dar su espectáculo haciendo el ritual de un torero, paseándose, jugando con la capa como si estuviese en la plaza de toros. El matrimonio que se encuentra en el espacio superior del escenario, no le hace caso. No oye o no se interesa por el espectáculo que ofrece el torero. Este, entonces, empieza a desnudarse. Se oyen silbidos. El torero sigue con su baile, el que adquiere la ritualidad y el ritmo de la corrida de toros. Mientras continúa, el torero se va desnudando progresivamente. Termina y se escucha un "Olé." La música y la corrida le dan un sabor muy español a la escena.

Esta escena, construida usando el rito de la corrida de toros, es transformada en grotesca al convertirse en un striptease masculino. Desde una lectura de la imagen del ícono de lo nacional, muestra una imagen del español/España/torero dispuesto a hacer lo que sea necesario para atraer atención. Todo el machismo del torero ha desaparecido. Ahora sólo es objeto comercial, celebrado en ocasiones especiales. La imagen que resulta comunica el fracaso o muerte del torero. Su imagen, como símbolo, ya no atrae, a menos que se transforme en un exhibicionista y se ofrezca desnudo al público, como si fuese un club de estripteases masculinos.

La escena del guitarrista proporciona otra dimensión. Un guitarrista, misterioso, vestido de negro, empieza a tocar. Le cae polvo. La música inicia una pelea entre dos hombres —machos y agresivos. El guitarrista toca apasionadamente. Su música parece narrar la lucha. Pero los personajes se vuelven contra él, lo traicionan, le quitan la guitarra y se la destruyen. El guitarrista apasionado sin su instrumento musical queda impotente y el símbolo de la pasión flamenca yace totalmente destruido. La guitarra ya no puede narrar la historia.

Otro ejemplo de desmitificación es el caso del amante representado por don Juan. Don Juan es símbolo máximo del amante, con la habilidad de conmover y enamorar a las mujeres. En *Híbrid,* el don Juan seductor está muerto. Lo que queda es un cuerpo ahorcado. El grotesco invierte la imagen del Don Juan, generalmente activo y difícil de atrapar. Lo transforma en un Don Juan inerte. Lo peor es que no está sólo muerto, sino que está colgado en medio de sacos que parecen jamones. El ya no es capaz de enamorar. Sin embargo, todavía cumple cierta función: está colgado en el departamento de una mujer, donde ella lo utiliza como un objeto, un "esclavo," sexual. Este episodio puede interpretarse en varios niveles. Por una parte, puede ser considerado un símbolo de que el hombre español está muerto en cuanto a relaciones sexuales. A un nivel de íconos nacionales, el espectáculo podría entenderse como que el hombre ha dejado de cumplir su función de seducir a la mujer porque la idea de la honra ha muerto. Esta lectura vendría a desconstruir por completo la imagen del hombre español y los valores de la sociedad española.

Otra modalidad en que se lleva a cabo la sátira es por medio de la recurrente yuxtaposición de los supuestos valores españoles con formas de vida o símbolos asociables con lo europeo, especialmente lo francés. Esta nueva España europeizada y europeizante se evidencia en la mostración de una sociedad mercantilizada —la cultura española está para la venta. También se ve en la utilización de imágenes de Toulousse-Lautrec —el burdel, cuadros o vestuario de personajes asociables al pintor francés. La escenas de la mujer pelirroja recuerdan los cuadros *Chilpéric* (1896) y *Mademoiselle Cocyte* (1900). La recurrencia de música extranjera e imágenes vinculables con los cuadros de Toulousse-Lautrec enfatizan la imagen de burdel o "prostitución" de la nueva España.

El cruce parodiante entre las imágenes de identidad nacional de ayer y hoy en *Híbrid* construye una España fragmentaria, apocalíptica, con sus grandes mitos transformados en entes grotescos. *Híbrid* refleja el sentido de nacionalidad de España hoy en día y plantea que la identidad no es algo fijo y estable, dado que el país está mirando hacia Europa para definir y construir su imagen.

Fragmentarismo y destrucción de la realidad

La obra está constituida por una yuxtaposición de cuadros, aparentemente inconexos, tanto de modo diacrónico como sincrónico., lo que, una vez más, corresponde a una percepción de la postmodernidad, como la caracteriza Daryl Chin:

> ...it is the crises of categorization, resulting in equivalence. The effect of this equivalence is the lack of hegemony in perspective. This break in unity has been the occasion for a crisis in cultural practice. Splintering in so many separate pieces, any aesthetic enterprise is fraught with suspicion, haunted by the possibility of misinterpretation. In order to grapple with even the most momentary meaning, art has now been occupied by the pastiche, the parody, the appropriation, on the assumption that nostalgic meaning is better than no meaning at all. (83)

Híbrid plantea una visión del mundo completamente caótica, ya que entre una y otra escena no hay continuidad. El escenario corresponde a un diseño de espacios yuxtapuestos. Por medio del manejo de las luces se privilegia uno u otro, aunque en varias ocasiones el espectador puede ver dos o más al mismo tiempo. Cada cuadro muestra un segmento de vida cotidiana. El espectáculo en sí es fragmentario, indicio de una cultura fragmentada y una nación sin unidad.

El espectáculo comienza con un guitarrista tocando, mientras unas regaderas tiran agua. Una mujer se resbala por todo el escenario al mismo tiempo que otro hombre trata de coger el agua de una de las regaderas en un balde. Una novia vestida de blanco se sienta en un sillón mientras un tercer hombre (su novio) trata de subir una escalera de trapos. Simultáneamente sale corriendo una mujer desnuda que para en el centro del escenario y se pone un vestido de novia. Un hombre vestido de blanco y negro con una cinta roja en la cintura atraviesa el escenario con una caja cargada en sus espaldas. Otra mujer, de edad, vestida de negro, lava ropa al lado de un molino de agua que permanece en el escenario durante toda la obra.

Este fragmentarismo representa a España y sus divisiones, cada una de las cuales tiene su propia realidad, sin que se establezca una comunicación que conduzca hacia su unidad. El espectáculo, por lo tanto, evidencia la realidad nacional: las fronteras entre los dualismos, el papel de España, los papeles del hombre y la mujer, el amante, del padre, etc. En *Key Concepts in Communication and Cultural Studies*, se señala el fragmentarismo como un elemento clave del postmodernismo:

> Postmodernism is committed to modes of thinking and representation which emphasize fragmentation, discontinuities and incommensurable aspects of a given object, from intellectual systems to architecture. ...It delights in excess, play carnival, asymmetry, even mess and in the emancipation of meanings from their bondage to mere lumpen reality. (235)

Esta concepción del postmodernismo como modo de representación que enfatiza la fragmentación y la discontinuidad y que se deleita en los excesos, lo asimétrico y lo carnavalesco es perfectamente evidente en *Híbrid*.

El fragmentarismo se vincula también con la destrucción de la realidad, la que en *Híbrid* se pone de manifiesto de diversas maneras. En algunos casos es la destrucción misma de los objetos en el escenario. Otro es el sistema de regadío que lanza agua sobre el escenario. Una de las imágenes recurrentes es la lluvia o el diluvio. Esto se ve a través del uso constante de agua, la lluvia, los derrumbes. La visión es una imagen del fin del mundo, que no tiene fin. Tal como la rueda del molino de agua —a la izquierda del escenario— la historia y las vidas siguen igual, en constante decadencia. \Además de su efecto visual y cómico, las lluvias y las inundaciones constituyen motivos recurrentes, indicios de la fluidez de la identidad nacional que se destruye y revive al parecer eternamente. La inundación simboliza el fin y los principios. Aunque la tradición mítica suele asignar a la lluvia o la inundación las connotaciones de lavar/limpiar y deshacerse, los diluvios de *Híbrid* enfatizan la destrucción, el aniquilamiento, más que el renacer. Configura una visión apocalíptica y grotesca y de desintegración de la sociedad española.

El individuo/el ser humano

La unidad esencial termina por ser una identidad humana fragmentada a través de oposiciones, interrumpida para la comunicación masiva y construida a base de íconos nacionales descargados. El resultado es un ser humano indiferente e incapaz de comunicarse a nivel humano.

Una de las escenas más impactantes manifiesta este ser humano indiferente. Casi al comenzar el espectáculo se ve, arriba y al centro, a un hombre bañándose en una tina mientras un matrimonio cena. La pareja no se habla. La televisión está prendida, él come mientras lee un periódico. Ella come en silencio. Una guitarra eléctrica sigue tocando violentamente. La tina empieza a moverse y el agua comienza a caer, primero a gotas, luego un chorro y por fin se vacia totalmente sobre la pareja. Ellos permanecen indiferentes a la violación de su privacidad y no se perturban ni siquiera cuando el bañista se descuelga y se para, desnudo, sobre la mesa en que comen.

La falta de unidad y de un centro se manifiesta en la incomunicación al nivel humano (hombre/mujer). La incapacidad de relacionarse se pone de manifiesto en el manejo de un tiempo fragmentado. Hay numerosos otros ejemplos de esta incomunicación e insensibilidad a la que ha llegado el español. Otro caso es el de la escena de la pareja que está en la cama y debajo de ellos hay un hombre que lleva en un coche a un bebé que llora. Lo mismo sucede en la escena del hombre que trabaja en su escritorio y, debajo de su oficina, un hombre y una mujer se divierten con un juego sexual sadomasoquista. En cada caso una acción crea otra acción, pero los protagonistas de las acciones no se comunican, no se hablan, no se miran.

Aunque estos ejemplos podrían sugerir que se trata de la incomunicación entre hombre y mujer, el espectáculo evidencia que la incomunicación constituye un mal general, producto de la fragmentación de la sociedad.

Video-cultura

Desde el punto de vista de la construcción visual del espectáculo, es necesario entender las escenas como una serie de fotografías postmodernas o una sucesión de "video-clips." Técnicamente, el mensaje se pone de manifiesto por medio de procedimientos propios de lo fotográfico, ya que las escenas se perciben como una sucesión y yuxtaposición de escenas semiestáticas de la vida cotidiana. Como señala Linda Hutcheon en su estudio sobre la postmodernidad: "Postmodern photographic art is both aware of and willing to exploit all of these paradoxes in order to effect its own parodoxical use and abuse of conventions —and always with the aim of disabuse" (122). Estas "fotos" implican cierto orden interno que es dictado por la realidad política y económica de España. La comunicación no se lleva a cabo a través de diálogos y parlamentos, sino a través de música e imágenes, lo que se asocia con la técnica del video clip. *Híbrid* es un modo de representar y comunicar para lo que Beatriz Sarlo ha denominado la sociedad de la video cultura.

Del caos al orden

A pesar del fragmentarismo y la sensación de caos que produce el espectáculo, es posible proponer que los productores utilizan un sistema ordenador del mundo: las imágenes yuxtapuestas se ordenan sobre la base de un sistema de oposiciones binarias. Como se señala en *Key Concepts in Communication and Cultural Studies*: "Binaries function to order meanings, and you may find *transformations* of one underlying binary running through a story" (32). El espectáculo empieza con la relación más obvia y simples —hombre/mujer— y la transforma en las siguientes oposiciones: hombre/mujer; masculino/femenino; público/

privado; social/personal; producción/consumo; España/Francia; vida/
muerte; orden/caos; pasión/frialdad; construcción/desconstrucción; ayer/
(pasado)/hoy (presente).

Estas oposiciones ayudan a ordenar y entender el referente que se da
en la fragmentación de las escenas. Al nivel de técnica visual es como el
video clip, que sólo congela momentos de la realidad, fragmentando una
realidad totalizadora. *Híbrid* enfatiza la antítesis hombre y mujer o,
desde otra perspectiva, categoriza la realidad en roles femeninos/
masculinos. La tradición de progreso se asocia con lo masculino, y la
vida cotidiana de la casa con lo femenino. Esto se puede ver en la
relación binaria entre espacios tradicionales de la mujer y el hombre, los
que se asocian a la antítesis espacio privado y espacio público
respectivamente. El privado, "cerrado," es el mundo de lo personal,
doméstico, biográfico; en cambio el espacio público "abierto" corresponde al empleo, la política y la comunicación masiva.[4] El espacio privado
se asocia con la casa, "which assigns the sphere of the household to
women as their proper ordinary space" (Humm 54). En *Híbrid*, el
espacio entre lo público y lo privado sigue las líneas sociales entre lo
masculino y lo femenino: la mujer aparece en espacios interiores (la
casa) y el hombre en espacios fuera de la casa (corridas de toro, bares,
tabernas). Esta distinción es también evidente en relación con la
sexualidad. La mujer pone de manifiesto su sexualidad en espacios
privados mientras que el hombre la exhibe en público. La escena de la
mujer pelirroja que culmina con la "seducción" del colgado acontece en
la sala de la casa. Semejante es el caso de la mujer con la baguette quien
aparece en la sala, en ropa interior —signo de intimidad— circundada
por objetos de un salón de casa particular (sillón, tocadiscos, mesa,
lámpara).

Híbrid es un espectáculo impresionante que construye y comunica
una sátira de la España contemporánea en una versión grotesca. El
manejo del espacio en *Híbrid* y las técnicas de los medios de comunica-

---

[4] Este hecho también ha sido estudiado en estudios de análisis de contenidos
en los cuales se estudió qué espacios ocupa la mujer y el hombre en los medios
de comunicación (televisión propagandas, anuncios comerciales, programas de
televisión, etc). El resultado fue que la mujer está en casa (cocina, dormitorio,
sala, etc.) 83%, mientras que el hombre ocupa el espacio del trabajo y público
75% (*Key Concepts in Communicaton and Cultural Studies* 63).

ción ayudan a construir y comunicar el aislamiento humano a que conduce la nueva cultura. La mujer, ahora fría y no maternal, es un ser desconectado emocionalmente. Las relaciones sexuales ya no son apasionadas, el Don Juan está muerto, las relaciones entre hombre y mujer son de indiferencia. El producto es una sociedad en que domina el caos y el ser humano sobrevive sin palabras, incomunicado, insatisfecho, aislado, sin futuro: es la España postmoderna.

Bibliografía

Beach, Joan Anton. Folleto *Híbrid.*
Chin, Daryl. "Interculturalism, Postmodernism, Pluralism." *Interculturalism and Performance.* Ed. Bonnie Marranca y Gautam Dasgupta. New York: PAJ Publications, 1990. 83-99.
Hartley, John, Tim O'Sullivan, Danny Saunders, Martin Montgomery y John Fiske. *Key Concepts in Communication and Cultural Studies.* London: Routledge, 1994.
Humm, Maggie. *Dictionary of Feminist Criticism.* Columbus, Ohio: Ohio State University, 1990.
Hutcheon, Linda. *The Politics of Postmodernism.* London: Routledge, 1989.
Pavis, Patrice. *Diccionario del teatro: dramaturgia, estética, semiología.* Barcelona: Ediciones Paidós, 1990.
Pérez de Olaguer, Gonzalo. "Híbrid." *El Periódico.* (1996).
Sarlo, Beatriz. *Escenas de la vida postmodernas: Intelectuales, arte y videocultura en la Argentina.* Buenos Aires: Ariel, 1994.
Shohat, Ella y Robert Stam. *Unthinking Eurocentrism: Multicultarism and the Media.* London; New York: Routledge, 1994.
Tobien, Felicitas. *Toulouse-Lautrec.* San Diego: Padre Publishers, 1990.

La reutilización de la tragedia griega: *Elektra* del grupo Atalaya

Ernesto Pierre Silva

University of California, Irvine

Cualquier cosa que no haya sufrido cambio alguno por mucho tiempo aparenta ser permanentemente inmutable (Bertold Brecht, traducción mía).

El valor del teatro está en la calidad de las relaciones que crea entre los individuos y entre las diferentes voces dentro del mismo individuo (Eugenio Barba).

Durante el foro en torno a la puesta en escena de *Elektra*, César Brie —director del Teatro de los Andes— contribuyó a la discusión al tratar de explicar el fenómeno de la catarsis en forma de una auto-pregunta, pero dirigida indirectamente a Ricardo Iniesta, director del grupo Atalaya: "al ver tu adaptación de *Elektra* me pregunté cómo yo, cómo otros directores, tratarían el tema de la tragedia, algo tan común en las sociedades hispánicas de nuestros días." El presente ensayo es, en cierto modo, una respuesta a esta interrogante. Mi objetivo es hacer algunas observaciones generales sobre la utilización de la tragedia en la historia y apuntar algunos rasgos de su actualización en el caso específico del grupo Atalaya.

La discusión sobre la puesta en escena de *Elektra* originó un número de interrogantes que pusieron en duda una de las propuestas fundamentales de la tragedia griega: la catarsis como efecto, como reacción natural a la representación. ¿Logró *Elektra* este cometido? ¿Provocó esta obra trágica la catarsis emocional en el público presente? ¿Pudo la representación de esta obra, su reutilización del mito griego en los parámetros contemporáneos, tener el resultado que Aristóteles manifiesta que debe existir —*sine qua non*— como resultado de la representación de la tragedia?

La tragedia griega tenía una función social al pretender lograr un

efecto específico en los espectadores: el *fobos* y el *élos*, el terror y la
compasión. Por siglos, a raíz de la vaga y única referencia aristotélica
sobre la catarsis o purgación de emociones en el teatro, se viene
discutiendo sobre si estas emociones deberían ser provocadas por la
acción dramática en los espectadores o en los mismos componentes del
elenco, o si estos efectos deberían ser compartidos complementariamente
entre ambos polos del acto comunicativo. Es más, estos debates
académicos produjeron teorías no sólo filológicas pero también
ideológicas, como lo pone de manifiesto las opiniones de Augusto Boal
en *Teatro del oprimido* (1974). Pero en el caso de la representación de
la tragedia griega, con lo específico de su función social catártica, dentro
de nuestro tiempo y contexto cultural o multicultural —como lo señala
Barba en su escrito introductorio al volumen *XI Festival Iberoamericano
de Cádiz*— la siguiente pregunta es ineludible: ¿es posible comunicar
dentro de nuestro paradigma cultural del momento lo que los dramaturgos trágicos griegos quisieron comunicar a través de la catarsis?

Tanto en el folleto que promociona la obra, como en una serie de
entrevistas y reportajes publicados en diferentes periódicos españoles,
Iniesta explica y elabora sus conceptos teóricos en cuanto a la puesta en
escena de su versión de *Elektra*. El director ofrece una explicación
panorámica desde los orígenes de la tragedia en Grecia hasta la
justificación de la versión actual. Su énfasis informativo recae sobre las
representaciones del mito de Agamenón, el cual se centra en el tema de
la venganza, especialmente, la justificación social y personal de la
venganza. Este es también el tema y la justificación de la propuesta
escénica de Iniesta: el demostrar que este tema tiene tanta vigencia e
importancia actual como lo tuvo en la Grecia antigua. En el folleto
publicitario se explica la contemporaneidad de todo esto: "No es
menester hurgar mucho en los armarios de la memoria, para encontrarse
con apologías de la venganza sangrienta: justificaciones de gansgsteris-
mo frente al terrorismo, exigencias de la horca para criminales de guerra,
o para secuestradores y violadores, etc." En otras palabras, el tema de la
venganza es tan español como latinoamericano, es tan europeo como
mundial.

En el ámbito de la tragedia griega, cada dramaturgo enfatizó un
elemento u otro proveniente de las fuentes mitológicas; pero, a la vez,
sus obras fueron adaptadas dependiendo también del contexto social e
histórico en el que se presentaban. Para que esto se lleve a cabo era

necesario que los dramaturgos tengan en mente la importante función que el teatro tenía como ente comunicativo dentro de la sociedad griega. De esta manera, Esquilo escribió sus obras dentro del contexto del enfrentamiento entre griegos y persas; por su parte, tanto Sófocles como Eurípides, fueron testigos de los estragos de la guerra del Peloponeso entre Esparta y Atenas. Estos hechos históricos tienen mucho que ver con las diferentes versiones que presentan sus obras acerca de un mismo mito. Es difícil contradecir —especialmente después de la influencia de Brecht en la teoría y práctica del teatro— lo que dice Boal en el prefacio de su obra, *Teatro del oprimido*, "Todo teatro es necesariamente político, esto se debe a que todas las actividades del hombre son políticas y el teatro es una de ellas" (ix, traducción mía). Así, aunque la propuesta aparente ser irrefutable, esto no significa que debamos considerar toda obra de arte un instrumento político *per se*.

En términos generales, es cierto que un objeto de arte incluye una política o ideología inherente —el *weltanschauung*, una perspectiva o visión de mundo propia de su momento histórico-social— pero el objeto en sí no tiene que ser necesariamente un instrumento político propagandista, ni mucho menos. Si las obras de arte fueran instrumentos políticos por naturaleza, su valor caducaría al culminar su vigencia y utilidad momentánea, y sería muy difícil poder defender su supuesta universalidad estética.

En cuanto a la puesta en escena actual de *Elektra*, y de acuerdo al concepto al que parece apegarse el director, los grandes dramaturgos griegos eran universales. De acuerdo a esto, lo que ellos trataban de comunicar a su público espectador todavía continúa en vigencia hoy en día. El tema de la justificación de la venganza es sólo una vertiente comunicativa que nos une al pasado. En cuanto a la relación entre la ética y la estética, se puede decir, en términos generales, que la representación de la violencia —a saber, la interpretación occidental de la violencia— es algo bastante reconocible y problematizado dentro de nuestro imaginario cultural. El mismo cuestionamiento del concepto de justificación de la venganza —el cual tenía respuestas mucho más sencillas y pragmáticas en otras épocas— se ha problematizado dentro del afán crítico occidental, el cual ha llegado a asumir una posición relativista o postmoderna sobre temas globalizantes o metanarrativas. El esquema actual postmoderno arguye que no existen verdades, sólo interpretaciones, perspectivas hasta contradictorias de la realidad. Así, en el mundo teórico de Occidente, la subjetividad en los terrenos éticos y estéticos es evidente. Sin embargo, muy a pesar de esta fragmentación intelectual y de la decadencia y carencia de metanarrativas en nuestros tiempos, Iniesta continúa fiel a una noción modernista o positivista del mundo al remontarse a la propuesta aristotélica sobre la tragedia y al poner en escena una obra considerada como clásica.[1] Para él todavía existe un propósito universal: el oponerse a la violencia, el amenguar el odio y el conmover al espectador y hacerlo reflexionar sobre la situación actual en que se encuentra. En suma, como él mismo lo plantea en el folleto de promoción: su "propuesta escénica" pretende "escapar de la mezquindad y estrechez de lo doméstico y cotidiano, hacia lo más universal e inherente al ser humano"; es más, el director pretende asimismo, "ayuda[r] a enaltecer el espíritu y acabar con los instintos destructivos y antisociales que predominan en el hombre de nuestros días." Sus propuestas son admirables, sin duda, especialmente dentro de la gama de problemas ocasionados por una sociedad capitalista post-industrial como las de muchos países europeos. Así, a diferencia de otras respuestas a problemas sociales otorgadas por otras obras representadas en el Festival, la propuesta de Iniesta es esencialmente universal y está determinada por un concepto o paradigma cultural muy singular.

Entonces, ¿cómo pretende el grupo Atalaya "universalizar" su propuesta escénica? ¿Cómo pretende hacerla contemporánea? Ya Nietzsche —en su momento— quiso interpretar el origen de la tragedia para adaptarla a los propósitos políticos y estéticos del compositor Richard Wagner; pero luego se vio obligado a retractarse. Iniesta se propone entender la tragedia griega y pone de manifiesto su posición al representar su versión de *Elektra*.

Para lograr su cometido, Iniesta se propone estudiar las formas clásicas de representación e intenta una vía comunicativa: la utilización de la palabra, el lenguaje poético de los griegos e instrumento por excelencia en la comunicación, tanto dentro como fuera del teatro. Para ello cuenta con la ayuda de su hermano Carlos, quien —a propósito de

---

[1] En cuanto a la problemática entre las definiciones de modernidad versus postmodernidad, ver la obra de François Lyotard, *The Postmodern Condition: A Report on Knowledge*. Trad. Geoff Bennington and Brian Massumi, con una presentación introductoria de Fredric Jameson, en la serie Theory and History of Literature, volumen 10 (Minneapolis: University Press, 1993).

esta puesta en escena— traduce los textos del griego original al español, tratando de mantener la fuerza del ritmo poético del griego. El director explica su propósito en el folleto: *Elektra* es una obra "poética, donde lo primordial es la fuerza expresiva y evocadora del texto y la universalidad de los conflictos que trata...siempre hemos tratado de recuperar la palabra cargada de futuro y hondura." Es indudable que este acercamiento a la obra privilegia la comunicación a través de la palabra, y que para lograr esto incluso los parlamentos y diálogos entre el coro y los actores contienen frases en griego. Este énfasis en la palabra no quiere decir que el director menosprecie o devalúe la efectividad de los otros lenguajes, códigos o medios comunicativos teatrales. A saber, el escenario entero —la utilización de símbolos allí insertos— es también de suma importancia para la comunicación. Sin embargo, siguiendo la tradición teatral clásica y neoclásica, en esta representación de *Elektra,* Iniesta privilegia la palabra; la palabra, claro está, acompañada de los otros elementos comunicativos de la obra.

Esta posición anti-vanguardista y anti-postmoderna que asume Iniesta responde a la obvia devaluación de la palabra dentro del contexto teatral Occidental a raíz del teatro existencialista de Sartre y Ionesco, al teatro de la crueldad de Artaud, al teatro del absurdo de Beckett, al teatro pánico de Arrabal y hasta inclusive a los métodos expresionistas promulgados por innovadores teatrales como Grotowski y Barba en la actualidad. La recuperación de la palabra dentro del contexto teatral de hoy en día es un fenómeno digno de un estudio más profundo. Dentro de nuestro presente objetivo, la pregunta sobre la catarsis en relación al lenguaje hablado es muy pertinente. Durante el foro sobre *Elektra* se le preguntó a Iniesta precisamente sobre la importancia de la palabra. El director explicó el entrenamiento del elenco por un período de 600 horas o cinco meses —dos horas al día o algo así— para ejercitar la voz y la manera de actuar en relación a la puesta en escena de *Elektra*. En suma, la catarsis se debe lograr primordial, pero no exclusivamente, a través de la palabra.

Tal fue este énfasis, que la verbalización del texto durante la representación incluyó un número de frases en el griego original. Durante una entrevista, Iniesta explica que el ritmo lírico consta de una cierta cadencia y no es únicamente la rima la que se toma en cuenta. Esta cadencia del ritmo, a su vez, conjugó muy bien con la música y la danza durante la representación. Iniesta visualiza la representación griega con una potencia comunicativa extraordinaria. Así, los efectos musicales en *Elektra*, el vestuario, la escenografía y los efectos luminotécnicos resultaron siendo verdaderamente impactantes para la mayoría de los espectadores. Aunque el director plantea una aproximación verbal, también pone énfasis en el espectáculo como creador de efectos en el espectador.[2]

Iniesta incluye, además, una amalgama de códigos teatrales provenientes de otras épocas y tradiciones. El movimiento del cuerpo, la música, los rasgos del vestuario, los materiales de utilería escénica, los elementos en la danza, el tono general sombrío y el efecto de la iluminación: toda esa hibridez conceptual de la presentación son el producto de las aportaciones de otras representaciones de *Elektra*, de escuelas de *performance* y danza, de dramaturgos y teorías técnicas provenientes de otras culturas. El folleto incluye una lista de los contribuidores a esta amalgama espectacular: Galiano 108 (Cuba), Karunakaran Nair (India), Attis (Grecia), entre otros. En *Elektra* se utilizan elementos postmodernos sin ser catalogada esta misma como una obra postmoderna. Es decir, la obra muestra ciertas características postmodernas sin ser en esencia una obra postmoderna. A saber, la obra no es postmoderna porque tiene un objetivo —un tema y un mensaje— concreto y muy claro; el mensaje es bastante fácil de entender y descifrar. Asimismo, la obra tiene una forma orgánica de principio, medio y final; es una obra naturalista aunque no necesariamente realista. Todas estas definiciones son aplicables típicamente a representaciones convencionales, y no hay nada más convencional entre los géneros teatrales que tratar de poner en escena una tragedia griega. A pesar de todo esto, es necesario insistir que, aunque *Elektra* no conforme con las definiciones del teatro postmoderno ofrecidas por Alfonso de Toro, la obra sí contiene elementos típicamente postmodernos. De Toro explica que el teatro postmoderno tiene las siguientes características: "ambigüedad, discontinuidad, heterogeneidad, pluralismo, subversión, perversión, deformación, decreación, es antimimético y se resiste a la

---

[2] Es preciso señalar que en el capítulo 6 de *La poética* de Aristóteles se menciona al espectáculo, al *opsis*, como parte integral de la tragedia y como provocador de la catarsis; sin embargo, más tarde, en el capítulo 14 de la misma obra se privilegia a la palabra sobre el espectáculo.

interpretación" (26). También añade que el teatro postmoderno está asociado con la danza moderna, para luego agregar que "la palabra pierde su sentido" (27). Iniesta hace todo lo contrario en su versión de *Elektra*, pero con notables excepciones.

Primero que nada, Iniesta, en su afán de traer a escena esta obra clásica con características más actuales, más postmodernas, hace uso de dos interpretaciones de *Elektra* a manera de filtros artísticos: la de Hugo von Hofmannsthal y la de Heiner Müller, quien fallece en 1996 y a quien Iniesta y su grupo dedican la actual representación. Así como las representaciones griegas, ambas obras a su vez muestran signos de los contextos histórico-culturales en las que se produjeron. La adaptación propuesta por von Hofmannsthal es de 1903 y, más tarde, forma la base para el libreto de la ópera del mismo nombre compuesta por Richard Strauss. En su adaptación de *Elektra*, von Hofmannsthal incorpora las sensibilidades del momento finisecular europeo, especialmente en lo relacionado a la situación política creada a raíz de los enfrentamientos franco-prusos. En el caso de Müller, la influencia de su momento histórico es mucho más directa y refleja preocupaciones mucho más cercanas a nuestros días. El grupo Atalaya pone en escena, durante su temporada 1990-91, la obra *Hamlet-Máquina* de Müller.

Iniesta reúne —a manera de *collage*— una serie de lenguajes escénicos de representación que, por su interacción escénica, crean la forma espectacular y tan singular de su *Elektra*.

Una de las técnicas reiteradas por Iniesta es la de la utilización y reutilización de objetos con posibilidades significativas polivalentes. Aunque hay muchos objetos en el escenario que connotan una pluralidad de significados, tomemos tan sólo un ejemplo fundamental, para así demostrar cómo se logra el efecto espectacular —por así llamarlo a la manera aristotélica— de la puesta en escena. El símbolo metafórico por excelencia de la obra es la bañera. Para el espectador que comparte el mismo imaginario cultural occidental, el mismo paradigma interpretativo, con el que desde ya cuenta el director de la obra, la bañera funciona como referente múltiple, que representa, entre otras cosas, una cuna, un féretro, un sepulcro, un sarcófago, una tumba, un lecho, una fuente bautismal, un útero, etc. Algunos de estos referentes pueden ser explicados fácilmente por un diccionario de símbolos; pero el resto constituye parte del saber común. Por ejemplo, el espectador informado sabe —principalmente de los *Anales* de Tácito, libro XV— que Nerón ordenó a Séneca que se suicidara, lo cual él hace en una bañera. La bañera es un referente algo vago; es decir, la bañera como significante puede variar, pero no así como significado. Una bañera contemporánea no tiene que semejarse a una bañera romana; pero su función como bañera es relativamente la misma. Esto conecta al dramaturgo cordobés —cuando Córdoba era latina— con la muerte de Agamenón, quien fuera asesinado por su esposa, Clitemnestra, en una bañera. Así, para el espectador más entendido, este símbolo va más allá y se podría conectar con otras muertes en bañeras a través de la historia; más aún, el símbolo se difumina en una variedad de referentes en el arte y la historia, como, por ejemplo, en la pintura de David que representa el asesinato de Jean-Paul Marat, héroe de la revolución francesa. Por otro lado también se podría incluir como referencia asociativa simbólica la muerte de Ofelia en *Hamlet*, obra que también trata el tema de la venganza. La Biblia, por su parte, provee otros ejemplos que permiten asociar este símbolo con sucesos histórico-religiosos. En el Antiguo Testamento se encuentra el relato de la relación entre el rey David y Bath-sheba, hija de Eliam, descrita al principio de 2 Samuel 11 y las consecuencias que esos hechos tienen para la historia de Israel. También se podría hacer referencia a la misión de Juan Bautista descrita en los textos sinópticos al principio del Nuevo Testamento. Con estos ejemplos queda demostrado que el símbolo de la bañera posee un valor significativo muy fuerte dentro del imaginario occidental común. Iniesta, como hemos podido apreciar, hace muy buen uso de todas estas asociaciones intelectuales para crear el efecto deseado.

El símbolo de la bañera toma presencia física en el escenario de la representación por intermedio de dos tipos de materiales: 40 bañeras de poliéster que forman parte de la pared, a manera de friso griego, que sirve de trasfondo y límite espacial, y 12 de metal que forman los espacios dentro del escenario. Así, las bañeras sirven como objetos creadores de espacios tanto periféricos como interiores. Además, las bañeras que forman la pared posterior crean la sensación de enclaustro, de cárcel —palabra que se repite en varias ocasiones durante la representación. Iniesta explica que las bañeras de metal pesan 25 kilos y que los actores necesitan un adiestramiento especial para ponerlas en movimiento dentro del escenario. Las mismas bañeras, al ser golpeadas con unos instrumentos que parecen lanzas, pero que también parecen representar series de barrotes enclaustrantes, resuenan —más bien retumban— en la sala y literalmente conmueven al espectador. Lo visual y lo auditivo confluyen para formar un todo: un código por el cual —a manera de puente comunicativo— se trata de producir la catarsis en el espectador. El símbolo de la bañera con todos sus referentes intelectuales y emotivos es muy efectivo en producir reacciones en el público. En este contexto, durante una entrevista Iniesta exclamó que "¡Hay palabras que evocan 1000 imágenes!" El caso de la bañera funciona al revés: en la representación el símbolo de la bañera evoca 1000 palabras. Pero, ¿es este símbolo y aparato escenográfico, conjuntamente con la palabra, suficiente para provocar la catarsis en el espectador?

Al parecer, no todos los presentes durante la representación de *Elektra* fueron afectados de la misma manera por el supuesto poder comunicativo de la palabra y el espectáculo. Incluso no faltó alguien que dijo que la obra le provocó exactamente lo contrario a lo que supuestamente debe ser el efecto de la catarsis en relación a las emocio-nes. En este caso en particular, la catarsis incentivó a este espectador a la violencia. Iniesta, algo incrédulo, acomodó su respuesta al decir que lo que él quería generar con *Elektra* eran emociones, y que este cometido puede generar a su vez violencia en algunos espectadores. Claro que la última parte de su explicación va en contra de lo estipulado por Aristóteles al explicar la catarsis en términos purgativos de emociones precisamente consideradas como antisociales. La reacción que tuvo ese espectador fue precisamente lo que Iniesta no quería que suceda desde un principio. Pero es precisamente esta reacción lo que nos hace cuestionar la función de la catarsis en el teatro actual.

La razón por la cual existieron diversas interpretaciones y diversas catarsis o reacciones entre los espectadores como resultado de la puesta en escena de *Elektra* tiene que ver esencialmente con el problema de la adaptación con que empezamos este ensayo. La tragedia en nuestros días asume muchas perspectivas y cada espectador, de acuerdo a su propia idiosincrasia e imaginario cultural, interpretará la tragedia a su manera. No vivimos ya en la Grecia en donde nació la tragedia. Lo importante no está en la literalidad del concepto de catarsis. Lo importante está en el cuestionamiento de lo propuesto en el hecho teatral. La respuesta está en el resultado del acto comunicativo teatral en una sociedad bastante diferente a la Grecia clásica. Como dice Barba en el segundo epígrafe del presente ensayo: lo importante se encuentra por intermedio de las relaciones internas y externas que el teatro cause en el espectador. La tragedia griega como tal y su efecto catártico dependen de la interpretación, del puente comunicativo que se establezca entre los actores y los espectadores. Como lo manifestó el mismo Brie al concluir su propuesta interpretativa: "lo más bello de tu obra es que nos ha llevado a reflexionar."

Bibliografía

Barba, Eugenio. "El espacio paradójico del teatro en las sociedades multiculturales." Trad. Rina Skeel. *XI Festival Iberoamericano de teatro de Cádiz.* Catálogo general del Festival 1996. Cádiz: FIT, 1996. 17-18.

Boal, Augusto. *Theater of the Oppressed.* 1974. Trad. Charles A. y María-Odilia Leal McBride. Nueva York: TCG, 1979.

De Toro, Alfonso. "Semiosis teatral postmoderna: Intento de un modelo." *Gestos* 9 (Abril 1990): 23-51.

Elektra. Esquilo, Sófocles, Hofmannstahl y H. Müller. Dirigida por Ricardo Iniesta. Teatro Falla, Cádiz. 23 octubre 1996.

Elektra: Un espectáculo de Ricardo Iniesta a partir de textos escogidos de Esquilo, Sófocles, Hofmannstahl y H. Müller. Folleto de promoción publicitaria del grupo Atalaya. Imprenta Escandón: Andalucía, 1996.

Iniesta, Ricardo. "Foros Gestos FIT 96 sobre *Elektra* y *James Joyce.*" 24 octubre 1996.

Iniesta, Ricardo. "Sobre *Elektra.*" Entrevista con Ernesto Pierre Silva y Polly J. Hodge. 23 octubre 1996.

Retrato de familia: lo popular como espejo narcisista de lo nacional en *El desquite*

Alicia del Campo

University of California, Irvine

El 29 de junio/en el Hospital San Borja/echó abajo las alforjas/doña Clara Sandoval/y nace este negro zorzal/debajo de una mata de hojas. (Roberto Parra)

En el XI Festival Iberoamericano de Teatro de Cádiz la representación de los sectores populares es un elemento que se repitió, con distintos matices, en una diversidad de obras. En el caso de la obra chilena *El desquite*, la puesta en escena de los sectores populares adquirió una particular significación en torno a la exploración de elementos de la identidad nacional. Me interesa aquí abordar el modo en que esta obra se hace cargo de una serie de teatralidades de "lo popular" para articularlas en una estética celebratoria y terapéutica en el Chile de la post-dictadura.[1]

Frente al panorama de un Santiago plagado de McDonalds, Burger Kings, Pizza Huts, jeans americanos, música en inglés, video clips y un sector rural —que se caracteriza por trabajadores temporeros que recorren el territorio nacional en torno a las cosechas—, en el que el poder económico se ha vuelto a concentrar en un pequeño grupo, resulta sorprendente que una obra como *El desquite*, cuya temática se desarrolla

---

[1]En términos generales lo popular es aquí entendido como la cultura de los grupos subalternos. Siguiendo a García Canclini "Lo popular es en esta historia lo excluído: los que no tienen patrimonio, o no logran que sea reconocido y conservado, los artesanos que no llegan a ser artistas, a individualizarse ni a participar en el mercado de bienes simbólicos 'legítimos,' los espectadores de los medios masivos que quedan fuera de las universidades y los museos, 'incapaces' de leer y mirar la alta cultura porque desconocen la historia de los saberes y los estilos" (191).

en un pasado patriarcal latifundista, aparezca para muchos chilenos como el epítome de su chilenidad.

Junto a este "fenómeno de chilenidad que trasciende la obra en sí" (*XI Festival* 55) resulta paradójico el hecho de que la puesta en escena del director Andrés Pérez responda a una nueva tendencia en el teatro chileno que ha sido caracterizada como post-moderna y que se ha transformado gradualmente en la forma más legitimizada de hacer teatro, tanto a nivel de la práctica teatral como de la pedagogía.

La imposibilidad de asumir y elaborar estéticamente la memoria del pasado reciente en Chile se hace evidente a partir de las opciones teatrales seleccionadas por los nuevos dramaturgos y directores chilenos.[2] El gran éxito de taquilla y crítica que tuviera la puesta en escena de *La negra Ester*, basada en las "Décimas de La Negra Ester" del poeta popular Roberto Parra hecha por Andrés Pérez, dan testimonio de una necesidad de reconocerse en las imágenes de un pasado no conflictivo. El espejo de lo nacional se busca en tiempos que preceden a los cambios histórico-culturales y a las transformaciones sociales que llevaron a la instauración del régimen militar.

La formulación de la Constitución de 1925 marca en Chile el inicio de un período de grandes transformaciones sociales. En el sector rural esto incluye las reformas del sistema de propiedad de la tierra que desembocan en la Reforma Agraria, impulsada en 1964 por el gobierno de Eduardo Frei, y en el aceleramiento de expropiaciones agrarias y organización de asentamientos campesinos para el trabajo y propiedad colectiva de la tierra durante el gobierno de la Unidad Popular (1970-1973). *El desquite* tanto como *La negra Ester* se ubican históricamente alrededor de este período. La anécdota de *El desquite* ocurre en Chillán hacia 1927.

En este contexto de transformaciones, la representación de los sectores populares del área rural fue tradicionalmente asumida por el folklore tradicional, como una estampa de la chilenidad, en cuya teatralidad se anulaban los conflictos de clase del mundo campesino para presentarlo como una unidad armónica entre los inquilinos y la figura

---

[2] La puesta en escena de *Allende, época 70* de Andrés Pérez, y el rotundo fracaso de esta obra frente al público y la crítica son un claro ejemplo de esta imposibilidad del abordar ciertas temáticas del pasado reciente.

paternalista del "patrón." Esta estética era encarnada principalmente por algunos conjuntos folklóricos y por el Ballet Folklórico Nacional. Reinaba allí un clima lúdico y festivo en que la temática central era el juego de conquista de la mujer por el hombre. La cueca —baile nacional— teatralizaba la conquista sexual en sus dos versiones: huaso/huasa y china/peón. El vestuario y los movimientos señalaban los niveles sociales, al tiempo que ambos convivían armónicamente en el escenario.

A partir de los años sesenta un grupo de folkloristas asumió la tarea de recopilar las músicas y coreografías campesinas como una manera de rescatar el saber y la identidad populares y permitirles que expresaran el imaginario popular, sus intereses, preocupaciones y propuestas.[3] Nuevos compositores exploraron melodías e instrumentos del folklore latinoamericano tradicional para escribir sus propias composiciones. Estas canciones comienzan a formar un corpus poético que a lo largo de Latinoamérica se transforma en una nueva manera de comunicar la historia de las clases subalternas, enunciadas, en su mayor parte, por jóvenes artistas de las capas medias y bajas.[4]

Si bien el folklore y el discurso político de los años 60 y 70 intentaron un acercamiento a la realidad de los sectores populares, rurales, indígenas y campesinos de distintas zonas del país, el teatro chileno se mantuvo alejado de esas realidades y abordó más bien los conflictos de las clases medias urbanas. Si aparecían los marginales en escena siempre

---

[3] El ejemplo más evidente del rescate de esta poética popular es el trabajo de Violeta Parra, quien se transformó en un ícono del movimiento de la Nueva Canción. Para la izquierda el folklore se convierte gradualmente en un instrumento de concientización y de acercamiento a la sensibilidad del pueblo.

[4] Resultaría valioso estudiar la teatralidad de este movimiento en tanto encarna en sus gestos, vestuario y coreografías toda una imagen del "pueblo" que marcó radicalmente el discurso político y las prácticas culturales de la izquierda de los años 60 y 70. Los ponchos negros del conjunto "Quilapayún," por ejemplo, *vis-a-vis* los trajes de huasos y huasas de falda y chaqueta de "Los Huasos quincheros" y "Las 4 brujas." La incorporación de los instrumentos del folklore andino y la transnacionalización del folklore latinoamericano: así llegaron las zambas (con ellas el canto lastimero del gaucho), los chamamés, los joropos, etc. Las letras llamaban nuevamente a una propuesta bolivariana de unidad latinoamericana ("Si somos americanos . . . Todas las voces todas...." de Mercedes Sosa).

era desde la óptica de los sectores medios (Jorge Díaz, *El cepillo de dientes*; Egon Wolff, *Los invasores, Flores de papel*). Los temas de la "chilenidad" desde una perspectiva folklórica o criollista se dejaron de lado, excepto en algunas obras como *La remolienda* de Alejandro Sieveking o *Chiloé, Cielos cubiertos*, de María Asunción Requena. A principios de siglo, sin embargo, los sectores campesinos habían sido representados en las obras de Antonio Acevedo Hernández, que ponían en escena las condiciones de explotación del campesinado y sus opciones revolucionarias.

Es posible distinguir al menos tres teatralidades de lo popular. Un folklorismo emblemático, en que las relaciones quedan estéticamente definidas en el vestuario y las coreografías tradicionales de la zona central. Estas "estampas" de lo nacional permitían la exaltación de sentimientos nacionalistas no problemática generando una imagen de las relaciones campesinas que luego se reproduciría sistemáticamente en escuelas y actos comunitarios. Hacia fines de los años 60, se inaugura una teatralidad de conocimiento y denuncia a partir del trabajo de una serie de folkloristas y cantores populares que inician la recopilación de melodías y coreografías que conformaban el acervo cultural rural chileno.[5] Se busca el conocimiento de la vida cotidiana y preocupaciones del mundo campesino como parte de una propuesta política de denuncia. Músicas y coreografías son adaptadas a letras propias para manifestar las condiciones de pobreza y desigualdad de los sectores populares tanto a nivel urbano ("La Población" de Víctor Jara) como rural. Este folklore adquiere incluso una capacidad reconstructora de la geografía nacional al incorporar sectores antes desconocidos por la urbe central (Santiago). Es el caso del folklore de Chiloé y los instrumentos andinos.

Dentro de este marco de teatralidades de lo popular es posible incorporar el trabajo teatral de Andrés Pérez como parte de una teatralidad lúdica y festiva de lo popular que se refrenda claramente en *El desquite* en cuanto al imaginario popular rural y en el exitoso montaje de *La negra Ester*, en cuanto al imaginario popular urbano.

La recreación del imaginario popular rural en *El desquite* emerge a partir del carácter de "popular" del texto dramático, legitimado prin-

---

[5] Para un buen análisis de este tema ver Juan Villegas.

cipalmente en el origen y vivencias del autor. Roberto Parra, poeta y cantor popular, sólo llegó hasta segundo grado en la escuela primaria. Su propia historia vital parece contener la multiplicidad de opciones de vida de los sectores populares, el ajuste constante a una variedad de formas de ganarse la vida que le dan la experiencia, para luego inscribir en sus poemas los rasgos de ese peregrinar por los espacios de lo popular.

Entender *El desquite* como una obra "popular" apunta a la necesidad de diferenciar el trabajo del autor y el director situando la imbricación del texto y la puesta en escena de lo popular como un constructo elaborado a partir del espectáculo. Hay aquí una compleja relación entre un texto dramático compuesto por un cantor popular, de carácter melodramático, y una puesta en escena que se distancia del texto a partir de cierta espectacularidad y metateatralidad para hacer una parodia del melodrama, que a veces se acerca y otras se distancia de él con una actitud crítica y risueña. Los personajes son presentados como tipos populares que adquieren a ratos visos angelicales (Lucía) y demoníacos (Don Pablo).

La puesta en escena de lo popular como reducto nostálgico y encantador de lo nacional se lleva a cabo en *El desquite* a partir de la exploración de una serie de elementos de la puesta en escena que se orientan a producir en el espectador una experiencia global del espectáculo. El carácter cinematográfico y envolvente que adquiere la obra se apoya en todos los elementos que componen la puesta en escena: la escenografía, la música, el vestuario, la iluminación, el maquillaje e incluso el momento antes de que comience la obra y el intermedio. El espectador se enfrenta a un espectáculo que lo envuelve en una cierta atmósfera de folklorismo y chilenidad desde el momento mismo en que pisa la boletería.

El montaje se fue dando a partir del trabajo con un texto, que no contenía acotaciones, y al que no se le cambió nada. Sólo se hicieron algunos cortes para quedarse en una obra que dura tres horas. Fue en el metódico trabajo de los ensayos y a partir de la propia creatividad de los actores, que se fue dando ese clima lúdico que envuelve a la obra. Se incorporaron los episodios de tono circense y festivo que divierten al espectador y que, dada la simultaneidad de acciones en escena, lo obligan a tener que decidir hacia dónde mirar: mientras habla Carmencita los dos peones calientan la sopa, o arreglan los caballos. Estas acciones simultáneas se complementan para elaborar el sentido de la obra. Todas apuntan a la comunicación de un mensaje unitario y al retrato de un mundo campesino que constituye una unidad en su misma desorganización. Esta simultaneidad de la acción se hace viable precisamente a partir de una escenografía de carácter "naif, primitivo en donde no existe el fondo, en donde todo está en primer plano, sólo hay alturas diferentes y todos los materiales son realistas" (Pérez 4). El centro del escenario cambia constantemente de dormitorio, a comedor, a cantina o bosque lluvioso.

El uso del espacio teatral adquiere un sentido diferente en la representación en Chile a aquel que adquiriese en Cádiz. En Santiago, el teatro Casa Amarilla, un espacio de 20 metros de largo por 5 de fondo, que fuera la antigua casa del jefe de Estación, permite ofrecer al espectador una pluralidad de formas de experimentar y ser parte de esta fiesta popular en un ambiente de celebración colectiva. Hay una gran proximidad entre actores y espectadores: los asientos de la primera fila delimitan el escenario, al punto que al entrar el público debe cruzar el escenario para llegar a sus asientos. Al comienzo y en el intermedio se ofrece vino, bebidas y pan amasado recién salido del horno. Los actores interpelan al público en varios momentos de la obra: pidiéndole a algún espectador de la primera fila que sostenga un columpio que se interpone al juego desarrollado por dos personajes en su imitación de una carrera a la chilena, en el vino que ofrece Nicasio a la primera fila durante el primer acto, o en el momento en que Anita, la mujer engañada, cuenta su historia a la familia que la ha acogido. Esta narración es hecha desde un alto balcón mientras un foco de luz la ilumina como una heroína que cuenta su triste historia. Esta reiteración es parte del texto original y un elemento que el director decidió mantener como marca definitoria de "lo popular" del texto en tanto se inscriben en él las formas narrativas de la cultura de masas: el radioteatro y la teleserie (Del Campo 4). La música en vivo de la obra acentúa el carácter festivo y melodramático de la trama al subrayar los estados de ánimo de los personajes. Los músicos se ubican fuera del escenario, aunque también dentro de él. Aquí la intertextualidad del melodrama permite ciertas libertades: el tema central es una versión del tango "Mal hombre," en la voz de la cantante mexicana Lidia Mendoza (Rojas 10). Esta musicalidad envolvente se extiende también en la recreación de la multiplicidad de sonidos del campo, hechos por los mismos actores. Esta sensación de realismo envolvente parece querer transformarse en la versión teatral del cine panorámico. El hecho de que los sonidos se recreen con la voz de los actores genera a su vez un tono lúdico (todos podemos entrar en el juego). Es evidente el pacto que se produce entre espectador y actor: se nos presentan caballos de fierro, gallinas de papel perseguidas en un juego casi infantil (vemos el palito que sostiene a la gallina como un juego de arrastre mientras el personaje nos hace creer que intenta atraparla).

Finalmente, este fresco de la multiplicidad de sensaciones, colores, lenguajes y vestuarios en los que queda plasmado un añorado pasado campesino y que se nos presenta como espejo en el cual podemos vernos reflejados con placer e ironía, queda refrendado metafóricamente en el montaje fotográfico del programa de la obra: una larga y angosta fotografía que incluye, en tono sepia y en semisombras, a los ocho actores posando como los dieciocho personajes de la obra. Es un retrato de familia que se extiende metafóricamente a la familia nacional, reconciliada en esa estampa más allá de amores, traiciones y desquites. El sentido ritual y festivo de esta celebración de lo popular culmina en este goce colectivo, en la risa y en el ágape que significa el comer juntos, en el intermedio, el pan caliente y el vino.

Esta puesta en escena de lo popular campesino en *El desquite* y su carácter espectacular y festivo se relacionan con un proceso más global de transformaciones de la práctica teatral chilena. Una serie de innovaciones caracterizan el teatro de las generaciones de dramaturgos y directores: la exploración de nuevas fuentes textuales (ya no se parte del texto acabado de un dramaturgo); primacía del director (el texto espectacular adquiere preeminencia por sobre el texto dramático); funcionalidad del actor como productor de significados; incorporación de códigos teatrales transculturales (a partir del entrenamiento en escuelas europeas en torno a tradiciones teatrales no occidentales); nuevos espacios para hacer teatro (se explora el ámbito urbano transformando los espacios de tránsito cotidiano en espacios del quehacer teatral).[6] Ciertos directores comienzan a distinguirse tan claramente en su forma de trabajo que las obras empiezan a ser reconocidas por el público y la crítica como pertenecientes a un director

---

[6] El cerro Santa Lucía, el Teatro Esmeralda, la Estación Mapocho y hasta la misma playa de San Antonio se convierten en lugares de encuentro teatral.

más que a un dramaturgo. Se incorporan, además, otras formas de espectacularidad como la pantomima y el circo.

El director Andrés Pérez, formado a partir de sus experiencias de teatro callejero y de seis años de entrenamiento en Francia con Ariane Mnouchkine, ha sido calificado como el gran renovador del teatro nacional, especialmente en lo que toca a su montaje de *La negra Ester* y a su exploración de lo popular. Esta tendencia renovadora es caracterizada por algunos críticos como postmoderna en tanto deslegitimadora del texto y de las formas tradicionales y unívocas de hacer teatro. Este carácter deslegitimador se contrapone, sin embargo, con las propuestas estéticas que es posible derivar de una obra como *El desquite* en la que no hay una desconstrucción de las construcciones de "lo popular" sino más bien un afirmarlo desde una mirada más lúdica y festiva. El crítico Montagna Mella destaca otro aspecto del carácter afirmativo de este teatro, en tanto establece su propio estatuto de funcionamiento que tiende a legitimar: "las transformaciones se asientan como hecho institucional: circuitos específicos de exhibición de las nuevas propuestas, creación de público, progresivo afianzamiento de algunas escuelas de teatro independientes donde estos teatristas se vinculan con la pedagogía, incorporación del nuevo teatro en el análisis cultural y el periodismo de espectáculos." A pesar de coincidir con muchos de los elementos que definen esta renovación como "postmoderna," calificar *El desquite* de este modo resulta dudoso en la medida en que la obra intenta afirmar una cierta verdad sobre lo popular revelada en esta mirada paródica y especular.

Para el director, este acercamiento a lo popular es el producto de una reflexión sobre la tradición teatral chilena y universal: "volvimos nuestras miradas a esas tradiciones y nos centramos en ellas" (Pérez 3).[7] Lo popular es aquí re-elaborado desde formas teatrales de gran influencia de centros europeos de renovación del trabajo actoral, que se fundan en el estudio de las formas teatrales no occidentales, como el Théâtre du Soleil de Ariane Mnouchkine y el ISTA de Eugenio Barba. Para Pérez, el híbrido clave se produce en su encuentro con Parra: "Nuestra

---

[7] Siguiendo con este trabajo de exploración de las raíces populares Andrés Pérez montó, en el año 1996, *La pérgola de las flores* de Isidora Aguirre y Francisco Flores del Campo, el gran ícono de lo nacional-chileno.

aproximación a lo popular se amalgamó inmediatamente con lo popular y medular de él, este autor maravilloso" (Pérez 3). La noción de "teatro popular" inauguró para Pérez una nueva forma de hacer teatro que abarca todo el fenómeno teatral: "desde su producción, el lugar donde debía hacerse, el espacio escénico, el precio de entradas, talleres de estudio en los lugares en que nos presentábamos, integración del entorno a la atmósfera de la obra" (Pérez 3). Reconoce haber influenciado a otros grupos al cuestionarse los espacios del quehacer teatral: "ese espacio único, negro, del teatro a la italiana" (Pérez 3).

Esta necesidad de reencuentro con las raíces populares, desde plataformas no-politizantes que miran hacia el pasado con un viso de nostalgia es validada por el éxito y la aprobación del público en Chile. Es por ello que es posible prescindir de rigurosidad histórica en elementos de la puesta en escena en la medida en que transmitan una cierta imagen visual de lo que es y ha sido percibido en el imaginario cultural chileno como "lo propio," lo fundacional, lo rural, lo campesino. Esto es evidente en el diseño del vestuario y los sombreros campesinos basado en las pinturas de Rugendas, pintor español del período colonial.

El cuestionamiento de "lo popular" y del modo en que ha sido manejado por cientistas sociales, comunicólogos y políticos, aparece claramente planteado en el trabajo de Nestor García Canclini. "Lo popular" es para él una construcción ideológica elaborada y "puesta en escena" en diversas modalidades por estos tres sectores. Ninguna de estas elaboraciones, sin embargo, es capaz de dar cuenta de las múltiples complejidades de lo popular. Su propuesta, luego de desconstruir detalladamente estas construcciones de "lo popular," apunta a la necesidad de enfoques transdisciplinarios en que políticos, folkloristas y comunicólogos puedan interaccionar sus saberes para desarrollar un trabajo científico de lo popular" (García Canclini 261).[8] A pesar del iluminismo con que acusa Canclini a antropólogos y políticos, su desconstrucción termina con una propuesta tan romántica como las anteriores al señalar la necesidad de reconstrucción de una agencia política de las clases populares y esperanzarse en que algunos folkloris-

---

[8] La interdisciplinariedad no basta en la medida en que se constituye en una yuxtaposición de conocimientos "obtenidos fragmentaria y paralelamente" (García Canclini 261).

tas, comunicólogos y políticos escriben "no sólo para sus iguales, ni para
dictaminar lo que el pueblo es, sino más bien para preguntarnos junto a
los movimientos sociales, cómo re-construirlo." Lo valioso del análisis
de Canclini es, para nuestros propósitos, el reconocimiento de "lo
popular" como puesta en escena de una cierta teatralidad.

En su análisis, la importancia otorgada por algunos autores al
melodrama parece abrir una vía para esta reformulación de lo popular
por parte de las ciencias sociales:

> ¿Por qué este género teatral es uno de los preferidos por los
> sectores populares? En el tango y la telenovela, en el cine masivo
> y en la nota roja, lo que conmueve a los sectores populares, dice
> Martín Barbero, es el drama del reconocimiento y la lucha por
> hacerse reconocer, la necesidad de recurrir a múltiples formas de
> socialidad primordial (el parentesco, la solidaridad vecinal, la
> amistad) ante el fracaso de las vías oficiales de institucionaliza-
> ción de lo social, incapaces de asumir la densidad de las culturas
> populares. (Canclini 261)

La utilización del melodrama como género dramático en *El desquite*
apunta entonces a uno de los elementos centrales y definitorios, no sólo
de la matriz cultural nacional, como lo señala María de la Luz Hurtado,
sino también a un elemento definitorio de las clases populares.

Es precisamente en lo melodramático, en lo lúdico y festivo de lo
popular el lugar en que Pérez, Parra y el grupo "Sombrero verde"
encontraron una fuente desde donde reconstituir la comunidad nacional.
Rescatando la fuerza lúdica de lo popular y "contra una prolongada
tradición occidental que veía la risa como defectuosa o deforme, para el
pueblo la risa y la alegría ha tenido que ver con la sabiduría misteriosa
y sorprendente de la convivencia y la proximidad humana." (Salinas). Se
subvierte la tragedia desde el espacio colectivo de la risa.

Bibliografía

Del Campo, Alicia. "Entrevista a Willy Semler." Cádiz 1996 (Sin publicar).

XI Festival Iberoamericano de Teatro de Cádiz. Cádiz: FIT, 1996.

García Canclini, Néstor. *Culturas híbridas: estrategias para entrar y salir de la modernidad.* México: Grijalbo, 1995.

Hurtado, María de la Luz. "El melodrama, género matriz en la dramaturgia chilena contemporánea: constantes y variaciones de su aproximación a la realidad." *Gestos* 1 (Abril 1986).

Montagna Mella, Juan Carlos. "Teatro chileno post-moderno: definiciones, conquistas y preguntas." *Apuntes* 111 (1996).

Pérez, Andrés. "Lo popular me es propio por pertenencia." *Apuntes* 111 (1996).

Piña, Juan Andrés. "*La Negra Ester* y *El desquite*." *Roberto Parra.* Ed. Gonzalo Badal. Santiago: Ocho Libros Editores y Ediciones Brocha, 1996.

Rojas, Mario. "El espíritu de Roberto Parra." *Apuntes* 111 (1996).

Salinas, Maximiliano. "El humor en Chile" *La Epoca* (11 agosto 1996).

Villegas, Juan. "Los marginados como personajes: teatro chileno de la década de los 60." *Latin American Theatre Review* (Spring 1986): 85-95.

Teatro de los Andes: de la utopía al sarcasmo de la acrobacia verbal y física

Juan Villegas

University of California, Irvine

Después de haber visto *Colón* durante el Festival de las Naciones celebrado en Santiago, Chile, en 1992, el grupo Teatro de los Andes, dirigido por César Brie, constituyó para mí uno de los grupos teatrales más interesantes y con una de las respuestas más originales a la tarea de hacer un teatro específicamente latinoamericano. Al examinar el *Programa* del FIT 96 y observar la presencia del grupo con un nuevo texto —*Ubú en Bolivia*— se creó en mí una de las grandes expectativas del Festival, ya sea para confirmar la originalidad de sus procedimientos teatrales o para ver si el *Colón* había constituido sólo un producto aislado. La presentación del espectáculo y la participación de su director en las discusiones de los foros confirmaron mis expectativas teatrales, a la vez, me revelaron un director sumamente consciente de la tradición teatral y de las tendencias teatrales contemporáneas.

En la "Crónica" incluida en la parte inicial de este volumen, escrita poco después del Festival, expresé mi entusiasmo por el espectáculo presentado por el Teatro de los Andes.[1] El público español no reaccionó con gran entusiasmo frente a este espectáculo de manierismo barroco en su acumulación de materiales de culturas, etnias y teorías contemporáneas del teatro. Después de varios meses desde la escritura de "La crónica" del Festival, se hace preciso agregar varias reflexiones que alteran o ponen en un marco diferente esas observaciones originales. Tanto mi entusiasmo como la producción teatral del Teatro de los Andes implican supuestos que es necesario discutir, problematizar y asumir en sus posibles consecuencias.

Mi entusiasmo por el espectáculo de 1992 (*Colón*) se justificaba dentro de mis expectativas de la época —momento de la celebración del

---

[1] Ver páginas 19-20.

sesquicentario y la relectura de la historia de América Latina— al interpretar el espectáculo como una fórmula que integraba un proceso de hibridización cultural, validaba las remanencias de las culturas prehispánicas y utilizaba una serie de procedimientos teatrales que insertaban al grupo dentro de las tendencias más innovadoras de nuestro tiempo y que, con frecuencia, se califica como "postmodernidad teatral." Mi lectura se fundaba, entonces, en un proceso de legitimización sustentada en "parecer" teatralmente "postmoderno," pero con la capacidad de satirizar el poder dominante y mantener una doble utopía, la utopía de que el teatro puede contribuir al cambio social y la utopía de que los "vencidos," en el proceso de colonización y conquista, pueden tener acceso al poder a través de la revolución.

Ubú en Bolivia confirmó mi impresión de la originalidad de *Colón* y su magnífica integración de símbolos culturales, en una versión a ratos grotesca de los mismos. En primera instancia, el espectáculo constituyó para mí, entonces, una continuidad del teatro social latinoamericano del llamado "nuevo teatro," sin la carga ideológica, la identificación partidaria o las estereotipaciones evidentes de muchos de los textos producidos en los sesenta, con el agregado de un fuerte elemento lúdico, una gestualidad y uso del cuerpo de enorme flexibilidad y acrobacia.

Desde una perspectiva de la historia del teatro, el espectáculo, evidentemente, calza dentro de lo que algunos han llamado postmodernidad teatral. La postmodernidad teatral es entendida como una forma de espectáculo en el cual se destruyen las barreras nacionales y se incluyen elementos o símbolos de varias culturas, se incorporan técnicas de varias tendencias produciendo un espectáculo difícil de definir. Se la caracteriza, además, como despreocupación por la historia o las identidades nacionales —del modo definido por los discursos políticos hegemónicos— dando origen a una cultura transnacional, con evidentes anacronismos; claros elementos de metateatralidad, en cuanto se hace consciente el hacer o ver teatro; énfasis en lo visual y exagerada utilización de lo auditivo o sensorial. Desde el punto de vista de la actuación, anulación de la distancia entre el teatro y otras artes espectaculares, de modo que los actores utilizan gestualidad, movimientos, vestiduras del circo; exageración o hiperbolización grotesca del gesto; utilización exagerada de movimientos de las artes marciales; la acrobacia gimnástica, gesticulación hiperbólica, manifiesta especialmente en el gesto detenido, el movimiento en cámara lenta o, en muchos casos, la deformación de la voz.[2]

La calificación de modernidad, en cambio, provenía de una lectura del texto en el que se enfatizaba su dimensión de crítica y sátira social. Esta lectura se confirma al privilegiar el modo cómo se representan las clases acomodadas en el poder, su explotación de los otros sectores sociales y la corrupción de sus valores. Esta crítica se extiende al poder que lo substituye: el dictador. El Padre Ubú, sin embargo, hace la revolución por ambiciones personales y movido por el afán de poder y enriquecimiento. Es una imagen que confirma el estereotipo del dictador tal como lo ha configurado la cultura de occidente y, especialmente, el dictador latinoamericano, mezcla de realidad y construcción visual del cine norteamericano y algunas tendencias de la literatura latinoamericana. La revolución triunfante contra el dictador, encabezada y dirigida por los sectores marginales —especialmente indígenas en *Ubú en Bolivia*— pareciera querer afirmar la posibilidad de derrocar al poder dictatorial, la posibilidad de que el "pueblo" se rebele contra el poder y triunfe. Es decir, valida la utopía de la revolución social por medio de la fuerza y conlleva la esperanza de redención social. Las escenas finales, sin embargo —en las cuales cambia el ritmo de las acciones físicas en el escenario, se detiene el movimiento de los actores, quienes se ubican cerca de la entrada (o salida) del escenario, conforman un coro y el cuerpo cede el mensaje a la palabra— alteran esta lectura socialmente optimista.[3] Los discursos de los políticos triunfadores y los versos de la canción final del coro afirman que los nuevos gobernantes —que hablan en primera persona— no traen ninguna pureza con su revolución. Aún más, estos nuevos gobernantes traen plena conciencia de que seguirán con los robos, la explotación. La gran diferencia con los anteriores es el cinismo con que afirman su proyecto. Uno de los discursos finales apunta algunas de las "mejorías" que experimentará la nueva sociedad: "Dictaremos leyes. Los bienes de los nobles muertos irán al Estado. Las

---

[2] Sobre la teatralidad de la postmodernidad, ver, especialmente, Blau, Fischer-Lichte, Finter y Pavis.

[3] Esta escena no existe en el *Ubu roi* de Alfred Jarry. Una edición útil de este texto es el de la Casa Editorial Bosch, el que incluye el original francés y su traducción al español de Ana González Salvador. La traductora también es autora de la "Cronología, introducción y notas."

tierras confiscadas podrán ser alquiladas a un precio módico." Otra de sus frases: "Seremos todos hermanos o al menos primos. Habrá menos coimas, más fiestas, los ricos seguirán siendo ricos, pero con más elegancia. Los pobres seguirán siendo pobres." Y el estribillo del coro afirma: "Vamos a seguir robando porque estamos en el poder. Vamos a seguir robando porque somos el gobierno."

Este escepticismo revolucionario calza bien con los que afirman que lo determinante de la postmodernidad es la desconfianza o la aniquilación de las utopías.

Ubú en Bolivia, sin embargo, es un espectáculo complejo que desborda las limitaciones impuestas por una categoría. Por ello, se hace indispensable comentar algunos de sus fundamentos históricos y teóricos.

> El Teatro de Los Andes nace en agosto de 1991, en Bolivia. Actualmente está compuesto de ocho personas. Vivimos en Yotala, a quince kilómetros de Sucre, en una granja donde hemos construido un teatro donde ensayamos, representamos, alojamos otros artistas, realizamos proyectos pedagógicos y talleres. (*XI Festival* 23)

Este carácter de "comunidad" teatral, en la cual se convive día y noche, permite llevar a cabo una serie de actividades cuotidianas. Estas son descritas por Cesar Brie en la entrevista de Willy Muñoz:

> Nuestra actividad diaria es la siguiente: nos levantamos muy temprano, de 5:30 a 6:00 de la mañana. Vamos a correr, algunos hacen otro tipo de ejercicios. Luego nos reunimos en la sala y hacemos unas dos horas de entrenamiento físico. Paramos para desayunar. Luego seguimos con el trabajo vocal y con el musical. Cada uno de los actores está obligado a aprender a tocar un instrumento musical como mínimo; hay quienes tocan más de uno. Esto para tener una orquesta y no depender de un sonido grabado. Luego almorzamos y en horas de la tarde y en la noche se hace el trabajo de montaje ya sea de teatro callejero o de teatro de sala. Hacemos también teatro de títeres. Cada uno de nosotros está obligado a dedicar una hora al trabajo de la casa o de la huerta. Para dar esta hora diaria de trabajo, a veces nos reunimos

los sábados por media jornada y de este modo nos dedicamos los demás días de lleno a nuestra profesión, que es el teatro. (143)

Esta concepción de que "nuestra profesión es el teatro" conlleva varias implicaciones, algunas de ellas utópicas y otras necesariamentre transitorias. Por una parte, supone un desprendimiento económico que tiene que condicionar a que los constituyentes del grupo no sean "profesionales" en el sentido de vivir económicamente del teatro, especialmente si el público al que se destina el producto no es financieramente acomodado. Por lo tanto, algunos integrantes del grupo pueden serlo sólo mientras no tengan otras necesidades o deberes sociales o familiares. Por otra, limita las actividades de los participantes y, probablemente, determina que los integrantes sean jóvenes o sin compromisos económicos. Desde el punto de vista de la profesión de "teatrista," da origen a una serie de condiciones ideales para la realización de un proyecto como el descrito por Brie. Constituyen un grupo dedicado intelectual y físicamente a la realización de un ideal de actor/actriz, en la cual el teatro no se considera como una "profesión" sino como una forma de vida, como una filosofía existencial. Esta dimensión "existencial" de la profesión, el desprendimiento económico, favorecen una actitud o una práctica de autarquía del "artista," sin ataduras sociales, que justifican la crítica a todo aquel que está fuera de la comunidad inmediata.

Desde esta perspectiva, la preparación del actor no es el entrenamiento o la adquisición de técnicas para "representar mejor a un personaje" sino un modo de perfeccionamiento personal.[4] En los términos de Brie:

Mi concepción del actor es la siguiente: yo creo que un actor debe ser una persona que maneje su cuerpo, su voz y su sensibilidad de un modo completo. Yo trato de formar estos tres aspectos del actor trabajando constantemente. Creo también que un actor antes de actor es un hombre. Tratamos de formar personas ínte-

---

[4] Compárese esta posición con la descrita por Barba en *Más allá de las islas flotantes*: "La conciencia de que la profesión del teatro proviene de una actitud existencial en un único país transnacional y transcultural" (16).

gras. (Muñoz 143)

Obviamente, estos planteamientos coinciden con los de otros teatristas contemporáneos que han enfatizado la investigación teatral tanto como proceso de realización personal como desarrollo físico integral. Para algunos investigadores, posiblemente, el Teatro de los Andes viene a constituirse en el epítome o la realización latinoamericana de muchos de los planteamientos de Grotowski y Eugenio Barba. A este propósito recuerdo una conferencia de Barba en Pomona College en 1996, en la cual enfatizó el carácter no comercial de su actividad teatral ni la preocupación por el "éxito" comercial de los actores.

El propio César Brie está consciente de estas tendencias y ha cuestionado tanto su utilización como su propia inserción en ellas. Por una parte, afirma la mala intepretación. Comenta, por ejemplo, "Se consideran 'ordinianos' espectáculos donde hay un gran caos. Donde 'ocurre mucho' y simultáneamente, donde las mujeres tocan el tambor o el acordeón y tienen una voz potente."[5] Descripción que bien podría aplicarse a una lectura superficial de *Ubú en Bolivia.* Brie, sin embargo, se esfuerza por aclarar: "Personalmente, me encuentro lejos estéticamente del Odin Teatret, hago otro tipo de teatro en otras condiciones, mis ideas escénicas son muy diferentes a las de Barba, mi sensibilidad es otra. Otras lecturas y otros maestros completan mi formación y me interrogan" (10).

Uno de los aspectos en que se plasma su teoría de la comunidad y el entrenamiento constante es en el desarrollo integral del actor como "performer," lo que conduce a la habilidad o capacidad de cada actor de llevar a cabo una pluralidad de actividades performativas, las que incluyen las acrobáticas tanto como las musicales. Sin un entrenamiento como el descrito, *Ubú en Bolivia* sería físicamente imposible.

César Brie ha manifestado sus posiciones y las del grupo en varias ocasiones.[6] Dentro de estos planteamientos, uno de los más importantes,

---

[5] "Sobre el Iben y el Odin Teatret." *El tonto del pueblo.* 1:10.

[6] Ver especialmente la revista editada por el grupo, *El tonto del pueblo. Revista de artes escénicas.* El número 0 es de agosto de 1995 y el num. 1 de marzo de 1996. Ver también Willy Muñoz: "César Brie: nueva forma de hacer teatro en Bolivia" en *Gestos* 20 (Noviembre 1996): 142. Esta es una importante

y que obliga a varios comentarios es su consideracióncon respecto a su público potencial.

En la autopresentación incluida en *XI Festival,* el director explica sus objetivos:

> Buscar a un nuevo público para el teatro y crear un nuevo teatro para ese público. Por eso nos interesa establecer un puente entre entre la técnica teatral que poseemos —y que podríamos definir "occidental"— y las fuentes culturales de este país que se expresan a través de su música, fiestas y rituales.... (23)

Desde el punto de vista de lo comunicado, el Teatro de los Andes intenta una relectura de la historia en la cual se prescinde de la historia oficial y la "verdad" para construir una historia. Por otra parte, construye un espacio latinoamericano imaginario. Este espacio se caracteriza por la mezcla y fusión de elementos de las culturas de origen prehispánico con las de occidente europeo para configurar una "latinoamericanidad" híbrida.

En *Colón* se reconstruye la historia del "descubrimiento" desde la perspectiva del vencido, como diría Buenaventura a propósito de su *Crónica.*[7] En *Ubú en Bolivia*, se construye un espacio imaginario que puede ser Bolivia u otro país latinoamericano.

Coincidente con este planteamiento, en las dos obras, uno de los elementos recurrentes es la hibridación cultural y la representación de las culturas por medio de procedimientos no limitados al lenguaje verbal. El énfasis, sin embargo, en la caracterización de esa cultura como puesta de manifiesto en los elementos expresivos de esas culturas —"nuevas formas expresivas y musicales"— y en la magnificación de elementos visuales asociables o definibles históricamente de las culturas. El modo cómo esta afirmación se manifiesta en sus espectáculos es evidente en el uso de instrumentos musicales indígenas por parte de los personajes.

---

entrevista que da una una idea general sobre el director, el grupo, sus planteamientos y objetivos.

[7] De Carlo Tulio Altan, traducción de César Brie. Teatro de los Andes. Bolivia. Estrenada en septiembre de 1992, en Yotala. La vi en Chile durante la presentación en el Festival de las Naciones.

Aún más, es posible afirmar que los instrumentos musicales o la música se constituyen en definidores de las culturas en el caso de *Colón*, donde los pre-hispánicos tocan instrumentos de la sierra y los personajes españoles aparecen acompañados de guitarras y bailes españoles. En cuanto a *Ubú en Bolivia*, los personajes andinos tocan flautas y tambores.

Brie explica esta característica al comentar:

> La mezcla de razas, de culturas, costumbres, las migraciones, han creado nuevas formas expresivas y musicales. Si bien pueden haberse perdido cosas antiguas, aquello que nace del encuentro y la mezcla es la forma en que el hombre de hoy se expresa: hijo de su condición y experiencias, con la memoria abierta a lo que fue, y yendo hacia adelante. Con ese hombre estamos caminando. (23)

En estos planteamientos interesa destacar que Brie distingue entre la utilización de fuentes culturales y procedimientos teatrales y cómo estos últimos se encuentran al servicio de los primeros. Sin embargo, el hecho de que lo plantee como una consideración fundada en sus potenciales espectadores agrega una dimensión conflictiva a sus reflexiones.

En la entrevista de Willy Muñoz, César Brie explica una de sus orientaciones:

> En este momento estoy investigando aquello que yo llamo el grotesco, que para mí está íntimamente ligado al humor. Según mi entender, el humor, la comicidad, representa una síntesis, puesto que a través de ella se puede llegar a la mayor parte de la gente. No se trata de lograr simplemente una risa barata, sino que cueste, que sea una risa que haga pensar. Estoy trabajando sobre este aspecto en este momento. (Muñoz 143)

Lo que se plantea como objetivos pueden tener funciones totalmente distintas cuando cambia el destinatario. De este modo, el significado potencial del espectáculo en sectores marginales de Bolivia no tiene que corresponder necesariamente a la lectura del mismo espectáculo por parte de los asistentes al Festival de Cádiz y, lo que es aún más complejo, su recepción posible por los espectadores europeos. Lo que es entendido como mundo farsesco, casi circense, pero de todas maneras desconstructor o deslegitimizador del sistema dominante, bien se puede convertir en manierismo gestual o grotesco teatral reforzador de los estereotipos latinoamericanos dentro de los discursos dominantes en Europa. De este modo, Bolivia —América Latina, dentro del imaginario del europeo— emerge como el espacio de dictadores, políticos corruptos, indígenas manejables o manipulables por el extranjero. Aún más, este imaginario es transmitido con los instrumentos formales de moda, especialmente la profusión de instrumentos musicales, por lo tanto más fácilmente aceptable por la mirada europea. Desde esta perspectiva, el texto posee una buena dosis de elementos que conducen fácilmente a una lectura estereotipadora.

En cuanto al modo de representación de esa cultura hibridizada latinoamericana, como he dicho anteriormente, surge una problemática significativa para la mayor parte de los grupos latinoamericanos. La polivalencia de las lecturas de ese imaginario híbrido para los diferentes espectadores. Dentro de algunos espacios latinoamericanos, especialmente en los sectores marginales, el énfasis en lo musical autóctono y en la representación de los personajes con atuendos y colores asociables con las culturas prehispánicas puede originar una lectura de revaloración de las culturas indígenas latinoamericanas, específicamente de las zonas andinas en ciertos sectores del público boliviano. Este mismo espectáculo, sin embargo, se puede prestar para que el "Otro," confirme su versión estereotipada de las culturas de América Latina en los espacios culturales europeos. Lectura reforzada, probablemente, por la fuerte utilización de la hipérbole y el grotesco en la configuración de los personajes. *Ubú en Bolivia* puede ser especialmente interpretada de este modo: América Latina es un espacio de dictadores esperpénticos, los discursos alternativos se sustentan en indígenas manipulables que, si llegan al poder, serán tan corruptos como los gobernantes anteriores.

¿Para qué originar el cambio social? El mensaje político social, especialmente dado con palabras —no gestos, por lo tanto más entendible por los espectadores potenciales latinoamericanos— en la escena final del espectáculo contribuye a la muerte de la utopía. Para el espectador, menos manejador del español, la escena final —con la disposición de los cantantes en el escenario, el vestuario, los instrumentos musicales y el ritmo— es asociable a los grupos folklóricos que cantaban la revolución en los sesenta o setenta en América Latina y que en los ochenta habían cantado la revolución en escenarios europeos. Dentro de la asombrosa realización del espectáculo en ritmo, gestualidad, musicalidad; dentro de la admiración por los propósitos y claridad intelectual del director, dentro del asombro frente a la versatilidad acrobática y musical de los actores, el ver el espectáculo en Europa originó en mí dudas con respecto a la representación de América Latina.

Bibliografía

Barba, Eugenio. *Más allá de las islas flotantes*. México: Editorial Gaceta, Colección Escenología, 1986.

Blau, Herbert. *The Eye of Prey: Subversions of the Postmodern*. Bloomington: Indiana University Press,

Fischer-Lichte, Erika. "La performance posmoderna: ¿Regreso al teatro ritual?. " *Criterios*. 32.7-12 (1994): 221-232.

Finter, Helga, "La cámara-ojo del teatro posmoderno." *Criterios*. 31. 1-6 (1994): 25-47.

Fischer Lichte, Erika. "El cambio en los códigos teatrales: hacia una semiótica de la puesta en escena intercultural." *Gestos* 8 (Noviembre 1989): 11-32.

Fischer-Lichte, Erika. *The Semiotics of Theatre*. Indiana University Press, 1992.

Jarry, Alfred. *Ubú roi/Ubú rey*. Cronología, introducción, notas y traducción inédita de Ana González Salvador. Barcelona: Casa Editorial Bosch, 1979.

Muñoz, Willy O. "César Brie: nueva forma de hacer teatro en Bolivia." *Gestos* 20 (Noviembre 1996): 140-145.

Pavis, Patrice. *Languages of the Stage. Essays in the Semiology of Theatre*. New York: Performing Arts Journal Publications, 1982.

Foto de Javier Nieto Remolina

Carta a un artista adolescente: Intertextualidad, desconstrucción y recodificación de un texto de James Joyce

Bárbara A. Padrón-León

University of California, Irvine

En *Carta a un artista adolescente,* todo el espectáculo se desarrolla con pleno equilibrio al igual que un juego de malabares. Los objetos, en grupos de tres, generan una multiplicidad de imágenes que encadenan el espectáculo y le proporcionan una autenticidad lúdica. El número de los personajes es tres; el de los actores, tres; las sillas, tres; las maletas, tres; las pelotas, tres. Todos y todo se mueve a un ritmo de tres por cuatro el que, es interrumpido por los cambios de escenas, que ocurren dentro de un "tempo" rápido. Visualmente, se realizan con subtítulos proyectados en la ropa de los actores, con énfasis en las letras negras, en las camisas o playeras de los actores. Algunas veces, van respaldados con ruidos de un tren que nos lleva al pasado de Stephen. Estos entreactos remiten a las cintas cinematográficas del cine mudo. Concebido con una estructura de seis capítulos, el montaje de las escenas no es una mera ilustración del mundo joyciano. La narración muestra un mundo lleno de maestros, prefectos, violaciones, castigos, torturas, una religión que forma un personaje dentro de una moral rígida, que distingue el bien del mal y enseña la redención a través de la penitencia. Dentro de este mundo narrativo —en donde el niño pasa a la adolescencia y, finalmente, a la juventud— los signos visuales cambian sin llegar a constituirse en una parafernalia espectacular. La obra se representa en un espacio escénico que no cambia. Todo ocurre dentro de un cubículo de tres paredes pintadas de color amarillo que funciona como dormitorio del internado, cubículo de un tren o la oficina de la rectoría. El escenario no se altera, sólo su significado cambia de acuerdo a la narración de los personajes o a la imagen virtual que se le presenta al espectador. En *Carta a un artista adolescente* el escenario crea su propia estética y nos remite al antirrealismo escénico. Los actores, por ejemplo, utilizan la misma utilería para cambiar y configurar nuevas imágenes visuales.

161

Sobre este presupuesto antirrealista, se conforma la relación dialéctica entre significante y significado que cambia o transforma el signo teatral.

El Teatro de Arena trabaja con técnicas del teatro intimista, con un estilo propio diseñado y trabajado a nivel de grupo bajo la dirección de Martín Acosta quien ha desarrollado una técnica singular. En su trabajo se utiliza la integración orgánica de cada miembro. Para la realización de esta obra cada uno compartió experiencias de su niñez y adolescencia, las que jugaron un papel importantísimo en el montaje de la obra y caracterización de cada uno de los personajes.

En este espectáculo se produce la intertextualidad, recodificación y desconstrucción de la novela de Joyce y, la primera parte de su novela *Ulises*. Constituye un caso, frecuente en el teatro, en el cual muchos directores y productores han tomado como fuente de inspiración textos narrativos antiguos y modernos en la búsqueda de nuevas formas y métodos de representación. En una entrevista Mendoza durante el festival, al referirse al teatro contemporáneo, hizo notar que algunos teatristas utilizan "el texto como un pretexto para el hecho teatral." En el caso de Teatro de Arena, el texto de Joyce ha servido no como un pretexto sino como un vehículo útil y bien utilizado.

En esta representación el texto no ha sido una excusa para el hecho teatral. Por el contrario, es el propio texto de Joyce el que conforma el proceso teatral y configura la unidad dramática a través de todo el espectáculo y, por lo tanto, funciona como un modelo epistemológico que facilita su relación intertextual con el texto espectacular. Los productores del texto dramático, Luis Mario Moncada y Martín Acosta, crean un nuevo texto, que explora diversos lenguajes escénicos que decodifican y recodifican la novela de Joyce a través del acto efímero de la representación. Al hacerlo no quiebran la relación intertextual entre la novela y el texto espectacular. La puesta en escena de *Carta a un artista adolescente* es más que un acto de ilustrar o representar la novela del autor irlandés. En esta representación surge un nuevo texto que se articula por sí mismo dentro de su propio sistema sígnico. *Carta a un artista adolescente* busca una estética particular no realista, en donde la palabra encuentra una nueva significación al incorporar y elaborar tanto recursos teatrales propios del teatro contemporáneo, como técnicas cinematográficas y circenses, entre otras.

El trabajo de desconstrucción del texto de Joyce, Teatro de Arena, lo maneja dentro de un hilo dramático teatralmente tradicional, en donde no se altera el texto original ya que no se desconstruye el hilo dramático del mismo ni su red de significación temática. Más bien, en este espectáculo se reutiliza la narración del monólogo original como punto de partida y tejido constructor de su montaje. La niñez, adolescencia y juventud de Stephen Dédalus de Joyce es comprensiblemente enmarcada dentro del proceso espectacular.

El trabajo de Joyce no es un texto dramático, pero funciona un tanto como tal en la configuración del libreto de la puesta en escena. Esto quiere decir que el mundo representado del texto está limitado y adquiere una nueva significación en la representación ya que en ella funcionan tanto lo visual como lo lingüístico, así como, los estados síquicos de los personajes. Por lo tanto, la intertextualidad entre ambos productos está siempre mediatizada por la representación, la expresión (estados síquicos de los actores), la comunicación (lo que se quiere comunicar) y la apelación.

En *Carta a un artista adolescente,* Teatro de Arena demuestra que el realismo y el expresionismo son totalmente compatibles. A través de toda la obra, la narración reafirma el signo teatral que en varias instancias se altera y cambia de significado. El vestuario sencillo, sólo playeras y shorts blancos, no remite a una época per se. Esta ropa pueden ser trajes infantiles que suponen una intemporalidad o cercanía. Al final de la obra, el vestuario se mantiene sencillo y remite a un mundo adulto al usar pantalones largos.

Así también los objetos obtienen una significación simbólica. Constantemente, éstos son descodificados y recodificados a través de la palabra —la narración de los personajes— y, especialmente, la de Stephen Dédalus, protagonista y narrador representado por Ari Sebastián Brickman, quien con un tono seguro, a la vez que ingenuo, narra la vida de este personaje de Joyce en un colegio para niños. Brickman es un joven de 23 años que posee un dominio de la escena total y está apoyado a través de un trabajo orgánico con sus dos compañeros, Mario Oliver —en el papel de Fleming— y Arturo Reyes —como Welle. Esta fusión grupal permite el equilibrio espectacular que se puede apreciar a través de toda la obra. La narración de estos tres actores tiene una fuerza de verosimilitud dada por su mensaje corporal y manejo del lenguaje, así como, por la gestualidad que lo soporta. Para lograr la relación íntima con el espectador estos actores utilizan la técnica del "daily performance," en donde el receptor del discurso se olvida de la acción performativa y toma parte del relato confidencial para convertirse en cómplice/confesor del actor/personaje.

Martín Acosta logra una nueva significación dramática del texto de Joyce que está, por supuesto, respaldada por el trabajo orgánico de grupo. De esta forma, este producto artístico se "convierte en una experiencia que modifica al que la experimenta" (Gadamer 145).

Al igual que el espacio, así también, la significación de los objetos son descodificados y recodificados a través de la palabra que actúa en la construcción de la multiplicidad de significaciones de los signos teatrales. Por ejemplo, el reducido decorado de tres sillas verdes y tres maletas verdes se resignifican una y otra vez. Las maletas son maletas en algunos momentos, en otros, dejan de ser maletas para convertirse en escritorios o en asientos de un tren. De esta forma, se crea una red de significados que transforma el tejido simbólico teatral al utilizar un mismo signo teatral con una multiplicidad de significados. La relación entre símbolo y objeto simbolizado, en este caso, sólo se establece a través de la narración, debido a que ninguno de los objetos representan íconos culturales establecidos.

En esta obra se produce un progresivo cambio en los códigos y signos teatrales que trascienden el espacio de la representación y captan los sentidos del espectador por medio de la palabra. Los símbolos se configuran a través de la producción efímera de la representación que crea una relación simbólica entre los significados visuales y verbales. De esta forma, el espectador, conocedor del texto de Joyce, por medio de todo un imaginario visual creado por el Teatro de Arena, participa en el juego de intertextualidad con la novela y, a la vez, presencia el proceso de desconstrucción, decodificación y recodificación del mundo joyciano. Dentro de todo este juego, paulatinamente, se configura un mundo espectacular masculino que cierra toda posibilidad de encuentro con lo femenino.

Carta a un artista adolescente se distancia o crea su propio mundo fuera del texto de la novela en donde sí hay espacios femeninos que podrían ser representados como son. Sin embargo, es precisamente dentro de este imaginario visual masculino en donde surge cierta complicidad con el exilio de Joyce. Estos jóvenes actores, al igual que Joyce, se exilian en su representación y muestran su mundo, ya no joyciano, sino de Teatro de Arena, en donde encuentran el espacio propicio para el juego, la ironía, la denuncia al abuso de autoridad, y en donde el joven artista expresa su propia sexualidad, la que en la novela está mediatizada por códigos culturales, morales y sociales de principios de siglo.

Con relación a la novela, en la representación hay ciertos cambios en cuanto al manejo de la sexualidad. En la novela, Stephen se encuentra con una prostituta, "una mujer," que Joyce presenta incitadora e invita a la lujuria. En la puesta en escena, el joven actor rompe con los códigos culturales de género en la escena del encuentro de Stephen con la prostituta. En lugar de la mujer prostituta, es un actor masculino quien personifica a la prostituta, se desnuda en escena, se da la vuelta de espaldas al público y ambos hombres —Stephen y la prostituta, el actor— se abrazan y comienzan un juego sexual oral, que el público imagina por la posición de los personajes. Al final de la escena, en un acto plástico de verdadera precisión, la prostituta —actor— esconde sus órganos sexuales masculinos, se vira de frente al público y su cuerpo desnudo aparece como el de una mujer. Lo virtual altera la función simbólica fálica del texto original, al cambiar la red de significación que decodifica lo femenino y lo recodifica como masculino. Al final de la escena, la palabra adquiere una nueva significación al presentar el nuevo signo teatral que simboliza la castración del personaje.

En la novela, se habla del encuentro de Stephen con la prostituta. De esta forma se abre un intersticio dentro del mundo masculino de la novela para lo femenino. En este caso, significante y significado se correlacionan. En la representación, hay una fisura y dentro de este espacio se descodifica el orden simbólico del padre que encierra el signo lingüístico de la novela. Tanto el significado como el significante se subvierten en el signo teatral, subvirtiendo así el orden del padre. O sea que, lo femenino se descodifica y se resignifica a través de un actor masculino. El signo visual de lo masculino se descodifica y se resignifica como signo femenino al final de la escena.

Sin dejar de reconocer las diferencias entre ambos textos, en *Carta a un artista adolescente* el equilibrio entre la palabra y la teatralidad está sincronizado a través del signo mimético y acústico que siempre está definido por el ritmo de la narración del texto de Joyce. Así también, el signo teatral se relaciona dialécticamente tanto con el significado como con el significante en una cadena de elementos significativos que juegan y cambian, no como elementos aislados de la novela original, sino dentro de un tejido de signos teatrales y lingüísticos. Estos signos propician el espacio intertextual que vincula al texto espectacular con la novela de Joyce. En el espectáculo, la palabra adquiere más significación a través de imágenes visuales reforzadas por la acústica.

El propósito es descodificar la palabra que representa este mundo real e insertar el discurso teatral dentro de un referente escénico que funciona como un ícono del mundo exterior (visual y verbal) que pertenece al momento efímero de la representación. *Retrato de un artista adolescente* de Joyce funciona como un modelo epistemológico que permite la creación de *Carta a un artista adolescente* después de haber sufrido un proceso de desconstrucción, decodificación y recodificación. *Carta a un artista adolescente* posee cualidades particulares e individuales y se configura a sí mismo como un espectáculo que articula su propio discurso, independientemente del texto original. Además de ser productor de un referente escénico propio es creador de un contexto referencial en el momento de la representación de Teatro de Arena.

Bibliografía

Gadamer, Hans George. *Verdad y método: Fundamentos de una hermenéutica filosófica*. Salamanca: Ediciones Sígueme, 1989.

Intertextualidad, ideología y renovación: Sunil y *1337*

María Herrera-Sobek
University of California, Santa Barbara

Para el escritor impregnado de la estética literaria occidental, las obras clásicas renacen cíclicamente dentro de ciertos períodos literarios. La renovación creativa de obras clásicas, ya sea del período greco-romano o las obras medievales-renacentistas, las canónicas del siglo dieciocho o las del siglo diecinueve, responde a factores relacionados con la época y por ende a contextos sociohistóricos. En la trayectoria teatral latinoamericana en la década de 1990, presenciamos una nueva preocupación por actualizar y renovar creativamente tanto los mitos griegos como las obras clásicas del repertorio literario occidental. Este aserto se puede confirmar al examinar las obras llevadas a la escena en el XI Festival Iberoamericano de Cádiz. En este festival los grupos muchos de participantes presentaron textos clásicos o basados en dramas clásicos europeos (ya sea de Francia, España, e Inglaterra) y aun obras clásicas japonesas y mexicanas. *Hamlet*, *Elektra*, *Carta al artista adolescente*, *Icaro*, *La amistad castigada*, *Ubú*, *La vida es sueño*, *En un bosquecillo* y otras obras cobraron nueva vida en los escenarios gaditanos.

En este ensayo, me propongo analizar la obra teatral *1337*, del grupo Sunil, con énfasis en la intertextualidad entre esta obra y el teatro religioso misionero. Apunto en mi análisis cómo esta intertextualidad es parte de la utilización de textos clásicos, que, al renovarse, inscriben nuevos mensajes articulando así preocupaciones contemporáneas. En este caso, intento demostrar cómo el subtexto de la obra se dirige a problemas vigentes, particularmente, problemas concernientes a las relaciones entre el hombre y la mujer.

El grupo de teatro Sunil, como lo explica su folleto de publicidad, tiene su sede en Lugano, Suiza y fue fundado en 1984 bajo la dirección y coordinación de Daniele y Marco Finzi Pasca, María Bonzanigo, Daniele también actúa en las obras representadas. El nombre "Sunil" lo tomaron de un joven indú enfermo que murió en Calcuta en un asilo para enfermos (Hazzaretto) dirigido por la Madre Teresa, con quien trabajaba Daniele. De allí surgió también el concepto de "teatro de caricia" bajo el cual muchas de las obras están estructuradas.

Daniele Finzi Pasca denomina su teatro un teatro de búsqueda y ha desarrollado un marco teórico por el cual explica esta manera específica de hacer teatro. En el libro *XI Festival Iberoamericano de Teatro de Cádiz* en las notas sobre las representaciones del grupo Sunil, Daniele explica

> El clown se hace, con fragorosa humildad, portavoz de pe-
> queñas historias que contará luchando continuamente con la
> entropía, una entropía que genera caos, malentendidos, sospechas
> absurdas, actos ridículos, gestos patéticos, soluciones paradóji-
> cas, incoherencia, exageración, riesgos inútiles, excesos de celo,
> paranoia, prejuicios, estupidez, vida.
>
> Quiero tratar de buscar sugestiones para, a través de la gracia
> y la levedad, cumplir una de las vocaciones del teatro: acariciar.
> El clown me ayuda, con su naturaleza, a acercarme a los ojos de
> un espectador, inventando así algunos segundos de intimidad.
>
> El clown es el ángel que ha perdido la inmortalidad; es el
> hombre patético comprometido con los pequeños acontecimientos
> que dan vida a lo cotidiano; es el perdedor y el tonto-cretino; es
> el viejo-niño que intenta alcanzar grandes propósitos. (93)

Finzi Pasca percibe al clown como personaje que encarna la historia de la humanidad porque es representativo de la derrota del ser humano. Este director suizo no ve su teatro como de denuncia sino teatro de la sonrisa y de la caricia. Según Daniele, un gesto burlón a los acechos de la vida es la más severa crítica que se puede vislumbrar en su teatro (93).

En efecto, el clown en la historia ha desempeñado un rol importante. En el antiguo teatro inglés el clown no tenía papel específico sino que servía para estimular la risa. El clown "carried on his improvised jokes and tricks with the actors, often indeed addressing himself directly to the audience instead of confining himself to what was going on on the stage" (135). El teatro de Shakespeare le asignó específicos roles al gracioso; pero, más tarde, en la historia del teatro fue excluido de la tragedia y sólo podía aparecer al final de la obra dramática "performing grotesque dances, singing comic songs..." (136). Finzi Pasca ha renovado el rol del clown dentro de sus obras dramáticas y lo ha reintegrado dentro de sus tragedias de una manera muy innovativa y creativa.

Finzi Pasca elabora aún más su concepto de la "clownería" relacionándolo a los tiempos elizabetianos y shakesperianos. El director-autor distingue entre el clown que el clown que está en teatro por su forma de actuar. El clown del teatro se asemeja más a la postura que toma un individuo que corteja a una mujer. El actor-clown no está actuando, está cortejando a través de una serie de acciones. El espectáculo de teatro, explica, se parece mucho a esto...(a un cortejo) porque no se está actuando propiamente, se está cortejando. Este cortejo entre clown y público es para Finzi Pasca lo mismo que el cortejo de un hombre guapo, un hombre "bonito" frente a una mujer. El clown corteja con desolación y uno se enamora de éste. Es un tipo de Pierrot que llora. A través de una serie de actuaciones, corteja al público, coquetea con éste y por fin lo conquista, lo acaricia. La técnica de "acariciar" al público a través de las actuaciones ha llevado a Finzi Pasca a denominarlo un "teatro de la caricia" ya que se desea tocar con ternura al público.

Es evidente que el grupo Sunil utiliza técnicas del teatro brechtiano. Es un teatro de búsqueda que trata de cuestionar aspectos filosóficos y metafísicos de la vida. El grupo se adhiere a las reglas del teatro minimalista, ya que se usa poca escenografía. "Se trata," comenta el director, "de imaginar."

1337 fue escrita hasta cierto punto de manera colectiva por los diferentes actores que integran el grupo. Digo hasta cierto punto porque es indiscutible que la obra lleva de una manera imponente el sello creativo del dramaturgo/director/actor Daniele Finzi Pasca. El folleto publicitario de *1337* indica la estructura del drama:

> La trama es simple: dos amigos se reencuentran en una colina para un pic-nic el día de un eclipse total. Mientras esperan revocan el pasado, se cuentan el presente, y sueñan proyectos futuros. El sol lentamente se cubre, la naturaleza se maravilla, y los dos profundizan en confesiones íntimas dando voz y gesto a su recíproca fragilidad. Se consume así un drama épico, tan trágico, que se vuelve ridículo.

Los dos actores de la obra *1337* explican su origen en el "prólogo" frente al público antes de empezar la representación en sí. El director-autor-actor explica que el título de la obra es, simplemente, la dirección del número de una casa. Daniele, es suizo mientras Dolores es mexicana. De acuerdo con Daniele, este grupo de fuertes raíces internacionales se propuso hacer un teatro "bucólico." El dramaturgo afirma que la palabra "bucólico" implica cierta gracia: "Es graciosa," nos dice. En realidad en la tradición literaria la palabra "bucólica," conlleva una tradición muy rica y se remonta a la poesía clásica latina de Virgilio.

El escenario de la obra *1337* en efecto es "bucólico," ya que se presenta una escena de día de campo con un mantel en el pasto bajo un árbol y platos, tenedores, cucharas, vasos y comida puestos sobre el mantel. Sabemos desde un principio que ésta es una tragicomedia ya que a través de lo gracioso se llevará a cabo la muerte de ambos protagonistas. La frase "Yo no quería envenenarte" se reitera a través de la obra.

Las primeras obras tradicionales mencionadas en el drama y que lo estructuran se refieren al teatro religioso misionero representado durante la navidad y comúnmente conocido como "Las pastorelas." El término "pastorelas" indica el conjunto de dramas relacionados con la Anunciación y el nacimiento del Niño Jesús. Algunas de estas obras se titulan *La anunciación, Los pastores, Los Reyes Magos, Señor San José, El Niño Perdido*. En *1337* se hace referencia a la pastorela conocida por el título de *Los Pastores*. En el drama de *Los Pastores* se incluye la escena del nacimiento del Niño Dios donde la Virgen, el Señor San José, los Reyes Magos, los pastores y los animales se postran a adorar al recién nacido en el humilde pesebre. En la escena sobre la discusión de la omnipresencia de Dios, se introduce el tópico de la Virgen. Daniele indica su participación en pastorelas:

Daniele.   Sin los anteojos tengo una visión nebulosa de Dios la mantequilla es Dios. La hierba —multiplicados de Dios...incluso los malos olores son Dios. Esa mano, el pantalón, los pies....

Dolores.   ¿Y la Virgen? ¿Quién ha hecho a la Virgen?

Daniele.   Me gustaba ser San José...¡Y la vaca...moooo!...José, el ángel, el pastor de la anunciación. Acabo de ver un ángel —los tres Reyes Magos.

Dolores.   Yo ya he olvidado todo.

Daniele.   Mas fue un suceso.
Dolores.   Eras el camello. (*Se ríen.*)

El eje principal, sobre el cual gira la obra y a través del cual los
diferentes puntos de conflicto entre la pareja se manifiestan, es el auto
sacramental relacionado con la muerte de Jesucristo. Básicamente, el
drama de la pasión de Jesucristo presenta a Jesús con los doce apóstoles
a punto de ser apresado y después condenado a muerte. El auto presenta
los puntos principales: la traición de Judas, la captura de Jesucristo, la
sentencia de Jesucristo ante Pilatos, el vía crucis donde Jesucristo lleva
la cruz a cuestas, la crucifixión, Jesucristo bajado de la cruz y entregado
a su madre y las dos Marías, el sepulcro y la resurrección. El drama *1337*
se concentra solamente en el punto donde el cuerpo de Jesucristo es
entregado a la Virgen María.

La primera mención del drama relacionado con la Pasión de
Jesucristo está ligada a la traición de Judas. Según el drama bíblico,
Judas Escariote traiciona a Jesucristo. Judas recibe treinta monedas de
plata que le pagan los romanos por delatar e identificar a Jesucristo
durante la Ultima Cena. En *1337,* Dolores le ofrece una moneda a
Daniele: "Un regalo antes de Judas treinta monedas es un regalo por esa
moneda no me dejaron pasar más a la iglesia. Nunca más, nunca."
Dolores mueve un tazón grande de gelatina y se desmaya.

Este punto es significativo porque semióticamente integra una serie
de signos que indican la problemática de la obra —la traición del amor
de la pareja por ellos mismos. El *Programa* indica sumariamente la
trama:

> *1337*. Un hombre, una mujer. Una historia de amor con todos sus
> comunes ingredientes: Desencuentros, engaños, perdones,
> complicidad, ternura, sueños comunes, tropiezos, promesas,
> separaciones, reencuentros, secretos...amor.... (91)

Judas representa el amor traicionado puesto que éste juraba amar a
Jesucristo más que los otros apóstoles y Jesús lo denominaba el
preferido. Dentro de esta tradición, Judas encarna al pueblo judío, el cual
es percibido por el mundo cristiano como el pueblo que traicionó a
Cristo. La gelatina, sabemos al final de la obra, contiene el veneno que
matará a ambos hombre y mujer. El desmayo de Dolores es una pequeña

representación y preludio a la muerte de ésta que ocurrirá al final de la obra.

La intertextualidad entre *1337*, los autos sacramentales y otros dramas religiosos aparece en otra escena. Aquí Daniele menciona que para ganar dinero, desempeña el papel de la Virgen en la representación del drama de *La aparición de la Virgen*:

> Daniele.   He heredado también su capa. Hago aparición improvisada.... (*La capa es azul de terciopelo con lentejuelas*.) Me pinto todo, negra la risa.
>
> Dolores.   Yo también quiero ser la Virgen.
>
> Daniele.   Es una vocación...la siento como [si fuera] poseído de una fuerza.
>
> Dolores.   Yo también me la siento.
>
> Daniele.   ¿Dónde?
>
> Dolores.   Aquí.

Y es aquí donde comienza a surgir el conflicto. Daniele menciona los diferentes papeles que ha desempeñado como actor: La Magdalena, Pentecostel y La Anunciación. Dolores insiste en que quiere representar a la Virgen, pero Daniele la contradice, negándole la posibilidad de que ella pueda representarla. En este punto clave Daniele actúa una escena breve del drama religioso "La Anunciación":

> El Angel Gabriel.   Te saludo llena de gracia.
>
> Daniele.   (*Actuando el papel de la Virgen*.) ¿Quién?
>
> El Angel Gabriel.   Te saludo María. Concebimos un hijo, María.
>
> Daniele.   El Angel se va y yo me quedo aquí y miro la ventana. Son escenas que uno siente. Ahora me llevan para la crucifixión.

Daniele empieza a actuar el rol de La Dolorosa. Su cara se contorsiona en una mueca de infinito dolor. Menciona lo difícil que es interpretar el dolor puro de la crucifixión "sin un clavito...sin cero clavito."

Ambos, Daniele y Dolores, representan la escena de la *mater dolorosa* cuando la Virgen María recibe el cuerpo del hijo. Daniele hace de la Virgen María y Dolores interpreta a Jesús.

La pareja se había separado por muchos años. El hombre había abandonado a la mujer y el drama escenifica la reunión de éstos en una colina donde se habían encontrado con el pretexto de ver un eclipse total del sol. Ella le reprocha el haber sido abandonada y él le recuerda que su presencia era funesta para ella porque a través de "accidentes" casi la mata en varias ocasiones. Dolores repite el estribillo "Es que te he envenenado." Y aquí la pareja estoicamente acepta su destino.

> Dolores. Es que te he envenenado. Porque tiene que terminar mal si es un eclipse.
> Daniele. Son cosas que pasan.
> Dolores. Son cosas que pasan. Es que te he envenenado. Hay veneno en la gelatina.
> Daniele. Son cosas que pasan. (*Comienza a morir.*)

Dolores actúa el rol de la *mater dolorosa* y Daniele muere en los brazos de ella. Dolores come la gelatina y también muere.

Aunque en varias entrevistas los actores, Daniele y Dolores, negaron percibir una perspectiva feminista dentro de la obra, es evidente que el subtexto de ésta es la violencia doméstica. Los actores comentan que la obra es una historia de amor donde ambos se envenan la vida sin querer —"Son cosas que pasan." Una lectura feminista del drama apunta inexorablemente hacia la violencia doméstica contra la mujer, ya que es la mujer la que sufre repetidamente la violencia del hombre a través de los años. Y es el hombre quien abandona a la mujer al darse cuenta que la "accidental" violencia que se lleva a cabo puede resultar en la muerte de la mujer. Freud rehusa aceptar el concepto del "accidente" e insiste en que los accidentes ocurren a causa de ciertos objetivos de índole hostil que tiene el inconsciente. En el reencuentro de la pareja es la mujer la que toma la iniciativa, comete el homicidio y su propia muerte.

Este pequeño drama teatral se adhiere a la tipología de la violencia doméstica. Empero, como drama literario que es, apunta hacia mensajes metafísicos más espirituales, al notar cómo dos seres que se aman se envenenan la vida aun sin quererlo.

El grupo Sunil aporta nuevas técnicas y conceptos al teatro latino-americano. Los conceptos de teatro de la caricia, el concepto y técnicas de la clownería, y la renovación de textos antiguos del canon del teatro religioso son indicios de la renovación y creatividad que se está llevando

a cabo en el teatro latinoamericano. Sus dos obras *1337* e *Icaro* presentadas en el XI Festival Iberoamericano de Teatro de Cádiz fueron muy
bien recibidas y fuertemente aplaudidas.

Bibliografía

Herrera-Sobek, María. "Entrevista con el grupo Sunil." 17 de octubre de
   1996. (Sin publicar).
Mesa redonda con Daniele Finzi Pasca y Dolores Heredia, 22 octubre
   1996.
XI Festival Iberoamericano de Teatro de Cádiz. Cádiz: FIT, 1996.

Icaro: mito, humor, tragedia y poesía

Lola Proaño-Gómez
Pasadena City College

...[H]ow much less ought he to mourn because he lacks the
wings of a bird which no one has? (Lorenzo Valla en Turner
49).

Icaro como todo mito, es la simbolización de las aspiraciones
humanas y de los intentos de alcanzarlas. En el espectáculo del Teatro
Sunil del mismo nombre, producido y actuado por Daniele Finzi, este
mito se constituye en la fuente de símbolos para expresar la capacidad
de soñar de dos enfermos que viven encerrados indefinidamente en un
hospital.

Icaro consta de un prólogo y un acto único que se lleva a cabo sin
interrupciones. Los cambios en el espacio imaginario se hacen en el
espacio escénico y están integrados al espectáculo. La imaginación de
Icaro crea espacios y tiempos a los que transporta a su compañero para
"escapar" aunque sea sólo momentáneamente de su cuarto de hospital,
único espacio "real" donde transcurre la acción.

Al final del prólogo Daniel Finzi, desde afuera de la escena —las
cortinas permanecen cerradas— sale a la platea y tras recorrerla
buscando alguien "liviano," escoge a un espectador que al ser diferente
cada noche, determina también, hasta cierto punto, la singularidad de
cada función. La noche del 23 de octubre, en la Central Lechera de
Cádiz, el espectador elegido fue Antonio, un joven de presencia tímida
y de sonrisa fácil, que convertido en uno de los dos enfermos recluídos
en el hospital, y que permanece en la escena durante todo el espectáculo.
En el escenario hay solamente dos camas con sus respectivos mosquiteros, un velador, una mesa y un armario. De estos dos últimos irán
apareciendo, las plumas, las flores y las redes que van poblando la
escena, cuando la fantasía de *Icaro* nos transporte juntamente con
Antonio, al único lugar donde los personajes pueden ver dibujados sus
deseos: el espacio utópico imaginario.

Icaro puede leerse como la imposibilidad de realizar la utopía mediante puros juegos imaginarios. Para ello examinaré la dialéctica tragi-cómica del clown, la máscara del payaso que permite la creación imaginaria de una realidad diferente y enfatiza el sutil hilo que conecta el humor con la tragedia. Enfatizaré la funcionalidad del humor en cuanto modifica las relaciones de interdependencia entre escena y público, ya sea mediante el distanciamiento o por la interrupción súbita del tono trágico-lacrimoso, evitando así que *Icaro* se convierta en melodrama. Por último, anotaré las relaciones entre "Icaro" y la poesía y la importancia del metateatro en esta propuesta teatral.

El metateatro, el humor y la poesía son los principales recursos con que se monta *Icaro*. En el prólogo Daniele Finzi, se dirige a los espectadores desde afuera de la escena, para pedirles que imaginen una habitación e invitarlos a espiar por un "agujerazo." Los espectadores transformados en "voyeurs" se ven activamente involucrados en este juego imaginativo. El autor confiesa ante el público que la historia nace en el encierro real de una "prisión." Ella es el resultado del aburrimiento compartido con un compañero: "empezamos contándonos historias...así surgió el espectáculo intimista de dos personas que se encuentran...." El interjuego entre involucramiento emocional y distanciamiento metatea- tral aparece en Icaro, por primera vez, en el Prólogo. La mención del origen del espectáculo, al mismo tiempo que nos conecta con una situación real vivida por el autor y con similaridades respecto de la escena, nos obliga a tomar consciencia de que lo que vamos a ver sobre el escenario es solamente una ficción. El desplazamiento entre la "realidad," la "representación" y la "representación dentro de la representación" es característico de todo el espectáculo y en muchas ocasiones corresponde al desplazamiento del teatro al metateatro, al humor o a la poesía.

El Prólogo adelanta también las técnicas del "clown" que aparecerán posteriormente en *Icaro*. Antonio, el espectador elegido en esta función como compañero de escena, aparece como el perfecto doble del "clown;" Antonio no puede sino imitar y depender totalmente de las actuaciones y de las palabras de Icaro, se convierte en su espejo. La identidad de los dos se subraya en la escenografía: ellos ocupan camas gemelas, visten igual y están encerrados en el mismo cuarto. Los golpes, movimientos torpes, choques, y el mundo al revés del *clown,* se anuncian también desde el inicio. Estas técnicas, junto a los "gags" del lenguaje y la

autorreferencialidad humorística a la mezcla del italiano y el español
—para los "puristas de la lengua esto puede parecer un desastro" (sic)—
consiguen de inmediato la risa de los espectadores.

El Prólogo subraya también el carácter intimista de la producción:
vamos a mirar un día cualquiera en la vida privada de dos personas en
el interior de una habitación de hospital. Como la poesía, Icaro cuenta
una historia desde la subjetividad de sus personajes. Al terminar el
Prólogo, se escucha la música que en la penumbra, sutil y paulatinamente envuelve el teatro y que anuncia la atmósfera inefable que inunda a los
espectadores en los momentos más poéticos que acompañan en toda la
obra, siempre por la misma música. La música y el tono fuertemente
lírico, que en ciertos momentos apelan a las emociones de los espectadores y la autorreflexión de Icaro cuando habla de su propia situación
existencial, son dos de los polos de la representación que dialécticamente
hacen un movimiento pendular triple entre la tragedia, el humor y la
poesía. En el paso de la imaginación a la realidad, el humor es el puente
que junto con el metateatro facilita la conexión y la comprensión de la
tragedia.

Pero por sobre todo, la ambigüedad poética es el rasgo más
característico de este espectáculo, que luego de su desenlace, deja al
espectador lleno de preguntas susceptibles de más de una respuesta.

El clown: *una dialéctica tragi-cómica*

El inicio del espectáculo es predominantemente *clownesco*. Está
marcado por las rutinas típicas del *clown:* movimientos torpes, golpes en
la cabeza e intentos de hacer lo que, para los espectadores, es obviamente imposible o absurdo. Por ejemplo, ponerse los pantalones con los ojos
cerrados, luchar con los toldos con un bastón, controlar el toro blanco
que sólo existe en las alucinaciones de Icaro, o afirmar que el color de
los mosquiteros corresponde estadísticamente, a tipos distintos de
enfermedad. El episodio de la lucha "*clownesca*"con los mosquiteros de
las camas, a los que se suman los nuevos mosquiteros que surgen del
armario y del cajón del único mueble de la habitación y que "parecen
vivos," remiten a un doble referente pero que apunta a un mismo
significado. Los mosquiteros que lo enredan físicamente en el escenario,
sugieren la prisión y la inmovilización, una realidad imposible de vencer.
Al mismo tiempo las redes refieren metonímicamente, a la caída de Icaro

mítico en el mar, el fracaso de su vuelo.[1] La caída jocosa de Icaro, "golpe memorable" resultado de un intento de vuelo que carecía de la "metodología apropiada" es uno de los momentos tragi-cómicos del espectáculo. Reímos pero al mismo tiempo comprendemos que este Icaro está atrapado en las redes de su propia realidad y que su utopía es inalcanzable. Este segmento del espectáculo adquiere mayor importancia si se reconoce que se encuentra en el nivel del teatro, no del meta-teatro. Esto es lo que "sucede" en el cuarto del hospital: los toldos pertenecen al espacio de la reclusión y del aislamiento, no son parte de ningún ensayo ni de ningún viaje imaginario y reciben la única agresión física en la escena mientras ésta se mantiene en el nivel de la teatralidad.

Liberado de los mosquiteros, Icaro intenta ponerse los pantalones sobre el batón de hospital, es de una de las rutinas más cómicas del espectáculo. Los pantalones —al igual que los zapatos— son indispensables tanto para el abandono del dormitorio como para huir del "toro blanco," metáfora de la monja que los controla y que metonímica-mente alude al poder.[2] Con el pie izquierdo en alto y los pantalones en la mano derecha, el *clown* gira, y con él su mano con los pantalones y el pie que los persigue, de modo que a la manera del perro que se persigue la cola, nunca el pie alcanza los pantalones. Este movimiento en círculo parece aludir a la imposibilidad metafísica del escape de la realidad por medio de la mera imaginación, a pesar de la persistente voluntad de Icaro.

El tono festivo se torna primero melancólico y las risas dan paso al tono trágico cuando Icaro enfrenta la realidad cotidiana y habla en voz muy baja, casi desfalleciente,

> Yo al fin del tratamiento tenía el mío sentimiento que estaba ahí abajo; a dos centímetros del piso. Cada vez que entraba la hermana para hacerme una inyección me metía debajo de la cama

---

[1] Esta simbología está presente en la tradición poética española. Según Turner, por ejemplo, Góngora se refiere al mito de Icaro en la "Soledad II" cuando evoca las redes de los pescadores en la primera parte (II. 46). También aparece en el "Primer sueño" de Sor Juana.

[2] La simbología del toro en la mitología es múltiple. Según Cirlot, en las culturas paleorientales la idea de poder era expresada por el toro, en cambio "romper el cuerno" significaba "quebrantar el poder" (Cirlot 445). De toda la gama de significados creo que éste es el que corresponde mejor al contexto de *Icaro*.

(*lagrimeo*). Ya no puedo más. Ya no aguanto más.

La escena se ha desplazado dialécticamente, del humor a la tragedia. A partir de este momento, Icaro recurre a la imaginación para representar la utopía de un mundo más feliz. Desde el metateatro, el protagonista adopta una nueva identidad. Icaro ha descubierto algo que le ha "mudado la vida de cosi a cosi." Un corcho quemado lo transforma mágicamente. Con la máscara del clown cambian sus sentimientos, se convierte en un "guerrero," en un "león" con total dominio de la situación y con capacidad de resistir, de volar y de escapar.

Icaro, ahora con su máscara, se ocupa de lo que son posibilidades imposibles, ilusiones contrarias a la realidad: con su nueva identidad se transporta junto con su compañero de habitación a sucesivos viajes imaginarios que los llevan —y también a los espectadores— a mundos mejores: el monasterio donde canta el "pajaro interiorizado," la casa con el árbol y sus flores artificiales, puertas y ventanas; la torre desde donde Antonio y Daniele, convertidos en pájaros observan a la gente y toman sol; al día en que capturan a la monja y escapan del hospital; a la pizzería donde se encuentran después de escapar, a la plaza con el circo y, por último, al encuentro de la puerta que mágicamente da acceso al exterior.

Mediante la creación de estos espacios imaginarios distintos del espacio escénico "real," el hospital, Icaro le enseña a Antonio el modo de sobrevivir a su situación. Con la multiplicación de los espacios imaginarios y las acciones, los dos enfermos se convierten en "actores" dentro de su reclusión: el hospital se convierte sucesivamente en diversos espacios simbólicos, cuya aparición obedece a que en ellos sus ilusiones pueden ser manifestadas y "realizadas."

La nueva identidad del protagonista —el payaso, contacto con la fuerza generadora de la imaginación— es la única posibilidad de escape para estos dos pacientes. Al mismo tiempo es el constante recuerdo de que los sueños que vemos en el escenario son sólo una creación imaginaria. La máscara enfatiza el carácter irreal de todo lo que va a suceder en el espacio escénico "real."

La parte más clownesca del espectáculo tiene que ver con las vicisitudes del "yo" del payaso, las partes más poéticas o trágicas con los intentos de superar ese límite que significa el paso del margen —el hospital o la prisión— al centro —el mundo libre exterior.

Comicidad en la tragedia: la evasión del melodrama

En *Icaro* es más importante la situación trágica del protagonista que la acción que se desarrolla en la escena. Todo el espectáculo, encaminado a hacernos partícipes de ella, tiene al humor como recurso fundamental. La función primordial del humor es la interrupción de las acciones, mediante el montaje que modifica la interdependencia funcional entre escena y público. El humor opera una semi-separación de la acción dramática de la obra: mediante la risa nos disociamos de lo sucedido inesperadamente, y al hacerlo atestiguamos su carácter amedrentador para nosotros (Willeford 102). Gracias al humor, que rompe los momentos trágicos y melancólicos, Finzi interrumpe la tragedia con la risa. Esto impide que el espectáculo se convierta en melodrama.

El humor tiene tonos diversos. Es diferente la risa provocada por las torpezas iniciales del *clown* de aquella mezclada de una comprensión compasiva. Un buen ejemplo de esto último, es la escena en que *Icaro* le narra a Antonio la enfermedad y la muerte de Augusto, el amigo que le enseñó a volar. El movimiento imperceptible de los dedos que hace Icaro, imitación de Augusto cuando a pesar de la enfermedad todavía entrena para volar, es una incongruencia que enseguida encuentra respuesta del auditorio que ríe casi silenciosamente en uno de los momentos en que la tragedia se hace más evidente. Lo mismo ocurre cuando Antonio, vestido con el saco de plumas empieza a mover las "alas" e Icaro asustado lo para bruscamente. ¡Puede chocar contra la pared! Para evitarlo le pone un casco. Los espectadores ríen. Pero esta vez, de otro modo. La risa adquiere un tono diferente que se diluye en apenas una sonrisa compasiva que involucra además de las emociones, nuestro entendimiento cuando comprendemos lo absurdo y lo imposible del sueño que rebasa todos los niveles de racionalidad. Cuando más reímos estamos más cerca de lo imposible; cuando dejamos de reír estamos más cerca del fondo, luchando por dar sentido a una iluminación inefable: la absoluta imposibilidad de escapar por la mera imaginación.

Otra función del humor es subrayar el carácter imaginario de la escena, asegurándose el distanciamiento emocional de los espectadores. Esto sucede cuando la acción se desarrolla en los espacios simbólicos imaginarios. La constante entrada y salida de Icaro con comentarios sobre sus propias habilidades —"soy bastante bueno para la imitación de los pájaros interiorizados"— es una forma de humor metateatral que consigue que los espectadores alcancen un nivel de comprensión mucho más profundo.

Pero el humor, al mismo tiempo, tiene el poder mágico de resistir, de conducir emotiva e intelectualmente a los espectadores a la comprensión de que tragedia y risa son como el anverso y el reverso de una misma situación. La liviandad de un chiste resuelve en *Icaro* la tenue y confusa frontera entre la realidad y la imaginación, entre lo posible y lo imposible.

La poesía: un vuelo hacia el sol

Sorprendentemente, después de todas las cuidadosas instrucciones que Icaro le ha dado a Antonio para volar concluye: "Con este ejercicio y una buena imaginación no se puede volar." Hemos vuelto brevemente, junto con *Icaro* al plano de lo real posible. Pero éste se diluye inmediatamente en el vuelo imaginario que, con fuerte tono poético, consigue el silencio respetuoso emotivo del público. La música va llenando la escena y envolviendo el teatro. Icaro y Antonio cubiertos de plumas se desplazan por el escenario; Icaro, lleva en hombros a Antonio que rítmicamente mueve las "alas." La iluminación, ahora tenue y dorada, es el reflejo del "sol," la "pintura contemporánea" que Icaro le ha regalado a Antonio. Contra el "sol" se refleja la sombra de los dos como un pájaro gigante desplazándose en el espacio; al mismo tiempo, suenan campanas que acompañan la música que se hace cada vez más intensa. Baja la música y termina la escena cuando Icaro deposita a Antonio melancólicamente sobre la cama, le saca el casco que le ha puesto para el vuelo y los sacos de plumas. "Volar es fácil, escapar es más difícil," concluye Icaro, rompiendo la identificación metafórica tradicional entre "volar" y "escapar." En esta imagen poética, que conjuga lo real y lo imaginado, *Icaro* confirma el significado del mito y la imposibilidad trágica del escape real

El "vuelo" es el momento poético cúspide del espectáculo. Sin embargo, hay otros aspectos que hacen de *Icaro* un teatro poético. En él domina el tono de confidencia y la situación del personaje sobre la acción o la anécdota. Como la poesía, el texto está constituido en gran parte por códigos visuales y auditivos: imágenes y sonidos que, más que acontecimientos, revelan sentimientos, emociones y esperanzas que se concretan materiales en objetos exteriores como la casa, las flores, las plumas, etc. Icaro despliega en la escena contenidos subjetivos. Pero a diferencia de la poesía todos queremos saber cómo va a terminar; hemos sido atrapados por la magia del *clown* y transportados a un mundo fantástico del que sólo salimos al final, cuando nos sorprendemos de que Icaro a pesar de todo lo "vivido" en la escena, seguirá recluido en la misma habitación del hospital.

El escape: un ensayo metateatral

Con el final del "vuelo" en el dormitorio, *Icaro* rompe abruptamente el sentimiento poético que inundaba el teatro. El espectáculo pasa a una fase en donde, más evidentemente que nunca, estamos frente al teatro dentro del teatro: el ensayo que hacen los dos personajes para escaparse del hospital. Con la entrada y salida de Finzi de su rol de Icaro para convertirse en director de escena, en el escenario aparecen simultáneamente tres niveles: el teatro al que corresponde el espacio real del hospital; el metateatro con las instrucciones que saliendo de la escena, imparte el director, Daniele Finzi, a Antonio; y por último, el ensayo de la huída de Icaro y Antonio en su habitación, que constituye una metateatralidad de segundo nivel. La situación se hace compleja puesto que Finzi que dirige *Icaro* es al mismo tiempo, *Icaro* que a la vez es el "director" del ensayo de la huida.

En el ensayo, en uno de los momentos de comicidad mejor lograda, Icaro "empaqueta" a la monja, representada en la escena por una almohada de la que sorpresivamente van saliendo la falda, la blusa, el manto, el gorro, etc. Mientras Icaro lucha para someter a la "monja," se desdobla una vez más y, con voz fingida, produce alternadamente los gritos de "sacrilegio" de la hermana, el pedido de los pantalones que necesita para escapar y las palabras con las que intenta calmarla. Tras las amenazas de hacerle un "agujero" a la monja, los dos amigos logran escapar hacia el ascensor y afuera del hospital. Con un cambio en la iluminación, la escena se transforma en la plaza frente a la Iglesia de San Nicolao, donde los dos compañeros tocan música, duermen y, luego, forman parte del circo que llega a montar su carpa durante la noche. El tono del espectáculo se inclina nuevamente hacia la poesía, con la reaparición de la música y la desminución del ritmo de los movimientos, que llega al máximo con el canto melancólico de Icaro que vela el sueño de Antonio y la aparición del "ángel" en la plaza.

Una falsa epifanía.

El final trágico-poético deja a los espectadores sumidos en el silencio. Icaro tras preguntarle a Antonio si quiere escapar, abre la puerta del armario de donde originalmente había sacado la ropa, las redes y las plumas. La música envuelve progresivamente al auditorio: un haz de luz inunda la penumbra, el armario se ha convertido en una puerta con acceso al exterior. Icaro abraza emotivamente a Antonio y grita "¡Chau Antonio!...¡Chau!" mientras cruza el "umbral" que le da acceso al mundo exterior y lo libera del hospital.

Icaro explota nuestra relación con lo irracional y lo mágico cuando, en el final, logra que los espectadores conmovidos, rompan en un aplauso que parece significar alegría por el "escape" de su compañero. Creemos, llevados por la emoción, que el límite ha sido superado.

El espectador siente al final el impacto contradictorio: ¿No era Icaro el más empeñado en escapar? ¿Ha escapado realmente Antonio? La dificulad con el mito es que el abandono de todo criterio de racionalidad nos deja sin defensa frente a las apelaciones a la emoción. *Icaro*, transformado por la máscara del *clown* transmite esta magia irracional, pues su imaginación *clown* es independiente del tiempo, del espacio y de todo orden y leyes.[3]

Ante la escena ubicada ambiguamente entre el espacio "real" y los espacios imaginarios, el espectador no puede discernir lo sucedido rápidamente. Con sus sentidos captados por la música y la luz transparente que apenas ilumina la escena, es conducido hacia el final: Antonio solo, se pierde en el haz de luz que aparece en la puerta del armario.

Antonio, el espectador, es el único que puede abandonar el hospital/ la escena, puesto que él ha venido de afuera, no pertenece a este espacio.

---

[3] "...fool actors... express concerns that were those of myth, legend, and ritual, of the whole enterprise of human culture when it was informed with them. In what fool actors continue to do survivals of the sacred and clownish invention are one in the expression of magical attitude toward fundamental human concerns "(Willeford 99).

El desenlace del ensayo metateatral final de la huida propone una doble salida: una imaginaria del hospital y otra real, de la escena. Este final ilumina el sentido de todo el espectáculo: después de espiar por un "agujerazo," la vida dentro de un cuarto del hospital, sabemos que es imposible que cambie. Lo que se ha vivido es "sólo una representación." Nadie ha escapado. Sólo Antonio ha vuelto a su lugar en la platea.

Si hay una nota de optimismo en *Icaro*, "...it is based on a profoundly humanistic faith in man's ability to achieve a kind of dignity and to discover the rich creative potentialities in a terrifying absurd world" (Pearce 144). *Icaro* ejemplifica la incansable resistencia de la naturaleza humana en circunstancias absolutamente destructivas. Su perspectiva, capaz de manejar la hostilidad y lo absurdo de su existencia, es el resultado de la lucha interminable por encontrarle un sentido a la vida.

Pero vivimos una epifanía falsa. Con su tesis metateatral, *Icaro*, profundamente realista, afirma la imposibilidad de un escape real. Sugiere que es posible hacerlo sólo mediante la imaginación. Sin embargo, tal escape es sólo un "ensayo," una representación que una vez terminada deja todo igual. A *Icaro* no le han servido ni las alas ni los sueños. El queda atrapado en las redes del hospital, en el cuarto sin ventanas, acompañado sólo por los pájaros que hace el viento, por las plumas y las flores artificiales y amedrentado por el toro blanco que se agazapa bajo la cama.

Bibliografía

Cirlot, Juan-Eduardo. *Diccionario de símbolos*. Barcelona: Labor, 1991.
Pearce, Richard. *Stages of the Clown: Perspectives on Modern Fiction from Dostoyevsky to Beckett*. Carbondale: Southern Illinois Press, 1970.
Turner, John. *The Myth of Icarus in Spanish Renassaince Poetry*. London: Tamesis Books Limited, 1976.
Willeford, William. *The Fool and His Scepter: A Study in Clowns and Jesters and Their Audience*. Nortwestern University Press, 1969.

Pulso de la danza cubana:
Teatro de la Danza del Caribe

José Antonio Blasco
Venezuela

Azar y contingencia

La danza, la más antigua manifestación cultural desarrollada por el humano, presenta particulares características en su composición: de naturaleza efímera y volátil, es el tiempo su enemigo más implacable y, contradictoriamente su aliado fundamental en la consolidación de un lenguaje que reúne infinitos mensajes por gritar, enunciados que van más allá de lo real y lo quimérico. Como emerge de lo personal aun cuando surja bajo un sentir comunitario, su vigencia y multiplicidad expresiva están garantizadas mientras el hombre dude, respire y se atreva a seguir asumiendo tan difícil tarea vivencial.

El siglo avanza a su fin y dará paso a nuevas inquietudes, permaneciendo constante el deseo de comunicarnos, de llegar al semejante. ¿Cómo no utilizar para tal objetivo el cuerpo, nuestro primario y más inmediato instrumento? Nos hemos visto en la necesidad de rescatarlo y devolverle su natural libertad, lejos de la censura y las prohibiciones. Fue imprescindible detenerse a su noble llamado y buscar el camino más idóneo para propiciar nuestro feliz cruce. Así nace la danza contemporánea.

Fructífero encuentro

Cádiz fue una vez más recinto multiplicador de ideas, aportes y presencias de ultramar. Puerto intemporal y camino de civilizaciones, cuenta como vecino al Atlántico, reflejo acuoso de América. Anualmente tal concertación se oficializa en el Festival Iberoamericano de Teatro de Cádiz, ocasión de júbilo internacional que del 17 al 26 de octubre de 1996 ofreció su décima primera edición, encuentro orquestado bajo la calidez y bondad de quienes se saben cercanos y comunes aun en las diferencias, reconocimiento histórico y lingüístico de distantes latitudes.

Bolivia, Chile, Cuba, la anfitriona España, México y Colombia, nación homenajeada, constituyeron el nutrido grupo de actantes que reunidos y amparados por la inquietud de interrogantes a resolver, volvieron sus caras a un común origen y particular presente en honesta resolución del futuro. Conferencias, exposiciones, foros y discusiones críticas complementaron la festiva programación teatral, generoso espacio donde la danza es reconocida, todavía minoritariamente, como decisiva expresión contemporánea.

Dos agrupaciones latinoamericanas fueron las elegidas para tan determinante objetivo: "Danza Concierto" de Colombia, y "Teatro de la Danza del Caribe" de Cuba, compañía que cerraría la temporada artística con la presentación de su programa concierto *Ceremonial de la Danza*, representativa muestra del devenir de la danza moderna cubana y de la obra coreográfica de Eduardo Rivero, figura clave en el desarrollo del proceso dancístico de la isla caribeña.

Sumario histórico

Aun cuando fue en los Estados Unidos de América donde se define la danza como género artístico, el resto del llamado "Nuevo Mundo" no permanece mucho tiempo inmune a su revolucionaria presencia. En Latinoamérica la danza contemporánea, luego de la académica, cautivará adeptos y productivos discípulos, iniciando novedosos caminos que en el tiempo reclamarán autonomía expresiva, con mayor fuerza y poder mientras que la referencia primaria toma automáticamente distancia y lejanía.

No dejan de sorprender las características que distinguen el inicio de esta actividad en Cuba en el aún imberbe siglo XX, esfuerzo signado por la visita de renombrados artistas internacionales a La Habana, vanguardista ciudad y puerta franca al intercambio cultural.

Loie Fuller, distinguida como "el hada de la luz" (1897); Anna Pávlova, quien dejaría constancia de su legendario y etéreo vuelo en más de una ocasión (1915, 1917 y 1918), cautivada por la hechizante atmósfera habanera; Ana e Irma Duncan (1930-31) auténticas representantes de los postulados de Isadora Duncan, la misma que en 1916 bailaría muy informalmente en una taberna de la capital caribeña en la madrugada; Ruth Page (1918), antigua integrante del "Corps del ballet" de Pávlova; los bailarines rusos Alejandro y Clotilde Sakharoff

(1935); Ted Sawn y su conjunto de danzarines (1937); Harold Kreutz-
berg (1938) y Kurt Joos (1940-43), principales herederos del expresionismo alemán; la mítica Martha Graham (1941) acompañada de Erick
Hawkins y el resto de su compañía; y Miriam Winslow y Mary Wigman
(1943), convirtieron a La Habana en propicio escenario de la danza
mundial.

No bastaría la transitoria presencia de reconocidas figuras las cuales
provocaron dudas y comentarios, despertando deseos e inquietudes
personales que no tenían cabida en lo foráneo; la necesidad de expresar
problemas, interrogantes o logros propios, ahogaría cualquier intento de
copia, exigiendo una puerta a la creación que tuviera como fundamental
premisa el sentir nacional.

Ramiro Guerra se inscribe históricamente como el iniciador de tan
productiva labor. Su formación correspondió a la multiplicidad empírica
de todo comienzo: Alberto Alonso y Nina Verchinina fueron sus
primeros maestros de danza clásica en 1943, integrando tres años más
tarde el Original Ballet Ruso del Coronel de Basil, compañía que
iniciaba en La Habana una completa gira por Latinoamérica. Ramiro
Guerra, al final de la travesía artística, se quedaría en New York
seducido con la novedad técnica de la danza contemporánea, tomando
directamente de Martha Graham, Doris Humphrey, Charles Weidman y
Katherine Dunham, la verdad de sus postulados.

Al regresar a Cuba la tarea fue ardua: paralelamente a las actividades
docentes y a sus presentaciones personales en los diferentes teatros
citadinos, comenzó a incursionar en la creación coreográfica,
respondiendo a una preocupación que por mucho tiempo le acompañaría.
En 1959 comenzaría a trabajar con un grupo de jóvenes que años más
tarde se constituiría en Danza Contemporánea de Cuba, de la cual sería
su director general, coreógrafo y maestro hasta 1971, desarrollando un
laborioso trabajo investigativo que perfilaría no sólo su obra artística,
sino que constituyó los lineamientos estéticos de la danza moderna
cubana. Guerra volteó hacia la herencia negroide y su carga teatral que
conforman la esencia de los bailes populares de su isla, integrando
dichos elementos con el legado musical y danzario internacional, dando
origen a piezas que se mantienen en el tiempo como referencias
inevitables.

Pertenecientes a esta primera etapa de gestación, resulta decisiva la
influencia de un conjunto de creadores extranjeros que hicieron de esta

tierra insular su campo de acción:

Lorna Burdsall, quien posteriormente formaría el colectivo "Así somos" (1981), y Morris Donaldson de Estados Unidos; los mexicanos Elena Noriega, Manuel Hiram y Raúl Flores Canelo; Conrad Drzewiecky llegado de Polonia y la uruguaya Teresa Trujillo, siguieron de manera personal y fácilmente identificable la búsqueda artística exigida por la isla caribeña.

Posteriormente novedosos nombres se suman a la primera lista de creadores nacionales, provenientes la mayoría de ellos de las filas de Danza Contemporánea de Cuba. Marianela Boán, bailarina solista de dicha agrupación hasta que en 1988 decidiera crear su grupo "Danza Abierta," demuestra ser una coreógrafa interesada por los problemas que nos aquejan en la postmodernidad, caminando más allá de la temática afro y nutriéndose de variadas propuestas que van desde la acción teatral, el minimalismo y las artes plásticas, hasta la investigación menos tradicional del movimiento puro, siguiendo pautas y lineamientos vanguardistas de la llamada Danza Nueva, lo que la ubica entre las más reconocidas creadoras cubanas.

Víctor Cuéllar, de versátil registro temático; Gerardo Lastra y Arnaldo Patterson edificaron pilares arquetipales a través del humor y el color tropical el primero, y del estudio de los aportes técnicos cubanos a la danza moderna el último; Caridad Martínez, ex integrante del Ballet Nacional de Cuba, explora junto a su colectivo "Ballet Teatro de La Habana" (1987) la siempre polémica unión de la danza y la dramaturgia, al igual que la ecuatoriana Isabel Bustos, quien construye una estética a base de pinceladas que, como el nombre de su grupo lo indica, "Retazos" (1987), deja entrever aproximaciones a la vida y cotidianidad del humano; y Rosario Cárdenas y su "Danza Combinatoria" (1990), transgresores de formales cánones y fronteras, incansables en el deseo de indagar en lo que existe no tan evidentemente, por lo que canto, gesto, texto y movimiento pueden combinarse y convertirse en ágil vehículo a la expresión integradora.

Particular visión

Eduardo Rivero Walker, miembro fundador y figura principal de Danza Contemporánea de Cuba por varios años, inicia en 1970 su carrera como coreógrafo con clara inspiración en la influencia de la cultura africana en su país, tomando elementos de tal fusión y así representar escénicamente un perfil de lo popular.

En 1988 asume la dirección del Teatro de la Danza del Caribe —agrupación con sede en la ciudad de Santiago de Cuba y fundada ese mismo año— donde además se desempeña como docente tras una larga y reconocida trayectoria interpretativa. Sus clases imprimen al proceso educativo del bailarín el sello de identidad nacional que resume, para la danza moderna cubana, el leit motiv de su búsqueda artística, aunque se sustente básicamente en los postulados que el mundo heredara de Martha Graham, José Limón y otros creadores universales.

Calificada como una de las compañías más prestigiosas del país, Teatro de la Danza del Caribe reconoce su inclinación hacia la cultura afrocaribeña: mitos, leyendas y demás ingredientes del folklore cubano en comunión con determinados elementos teatrales conforman su línea de trabajo investigativo.

Eduardo Rivero, su principal coreógrafo, reafirma tal propuesta en *Ceremonial de la Danza*, espectáculo compuesto por cuatro de sus más célebres creaciones: La primera de ellas, "Destellos," parte del estudio del movimiento sobre el cual Augusto Rodin basara toda su obra escultórica, obsesionado por captar la esencia móvil del cuerpo humano y conservarlo gracias a la incorruptibilidad de la piedra o el metal. Rivero recrea tal logro a través de atmósferas donde la danza pretende adquirir cualidades etéreas, cuya sutil densidad sirve de marco a la belleza corporal como elemento plástico a resaltar.

"Okantomí" y "Súlkary," creadas a principios de la década de los setenta y consideradas por la crítica nacional como clásicos de la danza contemporánea cubana, se mantienen dentro de su acercamiento al hecho plástico, amén de inquirir en ambas cierta reminiscencia a los orígenes populares de su cultura musical.

En "Okantomí," inspirada en esculturas en bronce provenientes de las regiones Ifé y Benin, el juego de la seducción es presentado con solemnidad. Un hombre y una mujer franquean el ya incierto límite que de lo divino y lo terrenal ha edificado el pueblo africano. Próximos aún en las diferencias y deseantes muy a pesar de ellos mismos, establecen una batalla que mantiene la continuidad del encuentro donde el sentimiento, sin clasificación, signa su dolorosa constitución. *Súlkary* muestra tres parejas de bailarines que, al interpretar una danza compues-ta por códigos yorubá y arará, rinden culto a la naturaleza y a sus dos vitales cualidades: fecundidad y fertilidad. Rivero establece una analogía entre las leyes que rigen el medio ambiente y las relaciones humanas, quizás advirtiendo el inminente peligro que nos acecha al pronunciarse el desencuentro de unos y otros. De mayores posibilidades coreográficas debido al número de danzantes, la pieza propone la utilización de primarios efectos escénicos —el contraluz entre otros— con el objetivo de atrapar la escurridiza mirada del espectador, contando además, al igual que "Okantomí," con la actuación de músicos en vivo.

"Unidos," pieza cuya autoría pertenece a Lesme Grenot, resalta la intervención de la fuerza negroide, dúo masculino en el cual el sentido bélico permanece tácito aun en acciones aparentemente solidarias: hermanos o contrarios, aleatorio dilema humano que parece conformar nuestra esencia. ¿Qué hacer con el Otro? Imposible obviar su cruenta pero necesaria existencia .

Por último, Eduardo Rivero entrega su homenaje a Ramiro Guerra, quien fuera su maestro y tutor durante los primeros años. *Ceremonial de la Danza*, obra que titula el programa presentado, es un estudio coreográfico exponente de las bases que sostienen la llamada escuela cubana de danza contemporánea. Dicho muestrario, pluralista en estilos y de creciente ritmo, abarca las diferentes variaciones que de la universal técnica tradicional se hicieran en la isla, entre las cuales se encuentra un marcado énfasis en el trabajo de oposición torso/piernas, herencia indiscutible de la danza popular y folklórica afrocubana. Es importante resaltar que el maestro Guerra creó en 1969 una pieza homónima a la de Rivero, seguramente la fuente de inspiración de éste y su referencia de partida.

El producto artístico de Teatro de la Danza del Caribe, joven agrupación aún en pleno camino de consolidación expresiva, adolece de las deficiencias propias que el aislamiento informativo ocasiona. Resulta primordial para el proceso formativo de sus integrantes incorporar el conocimiento menos formal que del cuerpo humano y de su uso ha aportado la nueva danza, así como adoptar diversos mecanismos que intervienen en la creación coreográfica, donde la improvisación a partir de determinadas pautas transforman al bailarín en un activo hacedor y, por lo tanto, en pieza fundamental del proceso. Este ciclo exigirá el oportuno hallazgo de una propuesta estética, plena de símbolos que mantengan alejadas las estereotipadas visiones que continuamente se desarrollan alrededor de lo que comercialmente es clasificado como arte latinoamericano. El multidisciplinario talento del pueblo cubano es, sin duda, una de sus más admiradas características, evidente logro reafirmado.

Calle al costado del Gran Teatro Falla
Foto de Polly Hodge

Palabras finales

La mayor parte de los ensayistas de este volumen han sido formados o enseñan en departamentos de Español en universidades norteamericanas. Una lectura crítica de los ensayos evidencia la recurrencia de ciertas preocupaciones, algunas de las cuales no emergieron como temas centrales o no fueron mencionadas en los foros celebrados en Cádiz. Para algunos lectores/as de este volumen, esta mirada sobre el festival bien puede constituir una mirada académica "norteamericana." Tal es el caso de la recurrencia de la preocupación por el hibridismo cultural, la representación de la mujer, la postmodernidad o la inserción de los textos dentro de tendencias teatrales contemporáneas. Se observa, además, cierta tendencia a comentar más el texto y menos la dimensión espectacular o la puesta en escena, producto, una vez más de la inserción de los discursos dentro de espacios académicos y no de la práctica teatral. Esta mirada, en cierto modo, desde fuera del objeto, permite, sin embargo, observar tendencias, rasgos comunes, propósitos similares, presencia de pensadores o practicantes que sirven de referencias comunes a teatristas de distintos países. El Festival Iberoamericano de Teatro de Cádiz, desde esta perspectiva, evidencia una cultura teatral común, transnacional.

Creemos, precisamente, que la contribución de este volumen está en diversificar, pluralizar las miradas y dilatar el espacio de los foros celebrados en Cádiz. En los foros se escuchó a los teatristas y productores, quienes explicaron las características de sus espectáculos, proporcionaron el trasfondo y las circunstancias de cada producción. *Del escenario a la mesa de la crítica* es la instancia del análisis y de escribir la historia. Como todo discurso, está impregnado de supuestos; como toda historia es sólo una versión de lo acontecido.

Del escenario a la mesa de la crítica contribuirá a que el Festival Iberoamericano de Teatro de Cádiz, celebrado en octubre de 1996, no quede sólo en la memoria de los participantes, sino que se integre polémicamente en la historia del teatro.

Juan Villegas
Editor